中国职业技术院校图书馆的建设

沈梅芳◎著

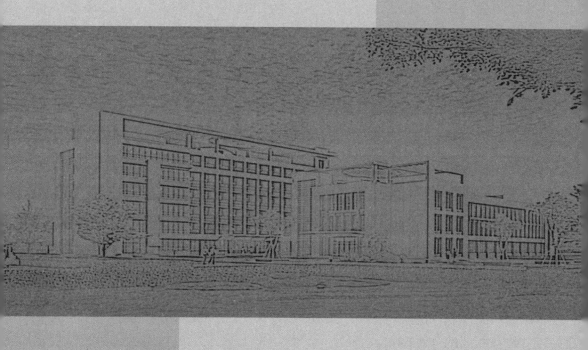

九州出版社
JIUZHOUPRESS

图书在版编目（CIP）数据

中国职业技术院校图书馆的建设/沈梅芳著.—北京：九州出版社，2023.4

ISBN 978-7-5225-1738-4

Ⅰ.①中…　Ⅱ.①沈…　Ⅲ.①院校图书馆—建设—研究—中国　Ⅳ.①G258.6

中国版本图书馆CIP数据核字（2023）第056192号

中国职业技术院校图书馆的建设

作　　者：沈梅芳　著

责任编辑：沧　桑

出版发行：九州出版社

地　　址：北京市西城区阜外大街甲35号 (100037)

发行电话：(010)68992190/3/5/6

网　　址：www.jiuzhoupress.com

印　　刷：北京联合互通彩色印刷有限公司

开　　本：710毫米×1000毫米　16开

印　　张：10.25

字　　数：130千字

版　　次：2023年4月第1版

印　　次：2023年4月第1次印刷

书　　号：ISBN 978-7-5225-1738-4

定　　价：68.00元

序

　　没有强大的制造业，就没有国家和民族的强盛。打造具有国际竞争力的制造业，是提高综合国力，建设世界强国的必由之路。在建设中国特色社会主义的新时代，坚持走中国特色新型工业化道路，加快制造强国建设，加快发展先进制造业，对于实现中华民族伟大复兴的中国梦具有特别重要的意义。

　　2015年5月19日国务院关于印发《中国制造2025》的通知（国发〔2015〕28号），2020年10月26日至10月29日召开的十九届五中全会提出，2035年"基本实现新型工业化、信息化、城镇化、农业现代化，建成现代化经济体系"，力争通过三个十年"三步走"，实现中国制造向中国创造转变，中国速度向中国质量转变的战略目标。第一步，到2025年，实现制造业整体素质大幅提升，创新能力显著增强，形成一批具有较强国际竞争力的产业集群，在全球产业分工和价值链中的地位明显提升。第二步，到2035年，制造业整体创新能力大幅提升，整体竞争力明显增强，优质行业形成全球创新引领能力。第三步，到2049年，建成全球领先的技术体系和产业体系，综合实力进入世界制造强国前列，制造业主要领域具有创新引领能力和明显竞争优势。

　　建设"制造强国"任务艰巨而紧迫，首先是完善产学研用相结合的制造业教育与训练的制造业人才培养体系，造就一支门类齐全、技艺精湛的制造业专业技术人才和制造业创新型管理人才队伍。这对职业技术院校的教育工作是机遇，更是挑战。其次是提升职业技术院校图书馆的文献信息资源开发与服务效能，这对职业技术院校图书馆的信息服务，也是机遇更是挑战。

实现"制造强国"战略目标，一是亟待建设一支相匹配的职业技术教育文献信息服务队伍。目前职业技术院校的图书馆信息服务人才队伍结构不合理，人与职不相适宜，不适应实现"制造强国"战略目标需求。二是长期以来，图书馆信息工作部门因条块分割，分散领导，彼此独立、各自为政，亟待整合职业技术教育系统图书馆的文献信息资源。三是当前供需矛盾突出，信息开发与利用脱节，信息资源服务保障体系尚未建立，保障能力偏弱，亟待建设与"制造强国"战略目标需求相适应的人才队伍和信息服务平台。

建设"制造强国"，加快制造业转型升级，全面提高发展质量和核心竞争力的蓝图绘就，号角已吹响。面对机遇挑战，《中国职业技术院校图书馆的建设》从建设与"制造强国"战略目标相匹配的职业技术教育院校图书馆资源建设、人才队伍建设和文献信息资源开发服务体系建设等方面工作，提出不少具有前瞻性思考，我相信该著作出版对职业技术院校图书馆工作的理论与实践，均具有重要的参考价值。

感谢沈梅芳给了我先睹为快的机会，在为《中国职业技院校图书馆的建设》出版致贺的同时，写下一点感想，权当序言。

福建社会科学院　刘传标

2022年9月20日

（刘传标，历任文献信息中心主任、历史研究所所长，第五、第六、第七、第八届"中国社会科学情报学会"常务理事，现任福建社会科学院历史研究所研究馆员、福建省姓氏源流研究会副会长、福建省方志学会副会长、福建省林则徐研究会副会长等职。享受"国务院政府津贴"，福建省"百千万人才工程"人选，福建省第一批特支人才"哲学社会科学领军人才"。）

目　录

第一章

中国职业技术院校图书馆的发展历程
——以高等职业院校为例

第一节　近现代图书馆发展史

一、图书馆发展萌芽

1901-1911年是近代图书馆创建的高潮。1901年辛丑条约签订后，清政府深感旧的统治方法维持不下去了，于是表示要参照西法，改弦更张，实行"新政"。设立近代图书馆成为新政教育与文化的主要举措之一。1902年，清政府颁行《学堂章程》，正式成立京师大学堂藏书楼。京师大学堂藏书楼除进行藏书建设外，还仿照西方图书馆的管理方法，制定了藏书楼主管人和工作人员的权限和职责；图书的登录、加工、分编和管理的方法；图书的借阅方法和借出期限；教学用书的供应办法；禁规和违禁处理办法等一整套的规章制度。由此可以看出，京师大学堂藏书楼的各项规章制度已经初步完善，近代大学图书馆所应有的各种主要功能也均已基本具备。1903年，清政府颁布的全国高等教育大纲《奏定大学堂章程》中规定"大学堂应附属图书馆一所，广罗中外古今各种图书，以资考证"。实际上是把京师大学堂及其藏书楼的模式在全国推而广之，办学堂必办图书馆，建图书馆则必取法于京师大学堂藏书楼。这个时期成立的新式大学堂，如山东大学、河南大学、山西大学、北洋大学、震旦大学、南开大学、华西协和大学和金陵大学等也都设有图书馆。这些大学图书馆虽然已是近代图书馆，但只对教师与学生开放，尚不属于近代一般意义上的公共图书馆。

中国近代第一个公共图书馆是1902年由徐树兰按照西方图书馆做法，采用西式分类编目技术和管理方法，创立对公众开放的"古越藏书楼"。

徐树兰，字伸凡，号检庵，浙江绍兴人。光绪二年中举，做过兵部郎中和知府等官，后因母病致仕还乡，他热心地方公益事业，曾组织筑海堤，建西湖闸，创设义仓、救疫局，因而获得社会众望。徐树兰是一位开明士绅，较早地接受了资产阶级维新派的主张，是绍兴第一个提倡维新的人。

徐树兰之所以不惜巨资创办古越藏书楼，其主要目的有二：一是存古，二是开新。《古越藏书楼章程》对这个宗旨做了如下解释："学问必求贯通，何以为之贯通，博求之古今中外是也。往者士夫之弊，在详古略今；现在士夫之弊，渐趋于尚今蔑古。其实不谈古籍，无从考政治学术之沿革；不得今籍，无以启借鉴变通之途径。故本楼特阐明此旨，务归平等，而杜偏驳之弊。"这就是说，办藏书楼一方面是为了继承古代优秀的文化遗产，达到古为今用的目的，另一方面是为了使近代进步的科学文化能在中国得以传播并利用。

古越藏书楼的设立是中国图书馆发展史上一个重要的里程碑，其意义有三：首先，推动了中国近代藏书楼向公共图书馆的转化。由于它的建立及热心人士的广泛宣传，使社会上越来越多的人认识和了解图书馆的作用，从而推动了这一事业的发展。其次，徐树兰打出了"存古、开新"的旗帜，为尔后的图书馆广泛收集和传播大量时务、实业等新书，以及当时国人尚未给予应有关注的外文图书开创了一个良好范例。正因为徐树兰独具慧眼，敏锐地注意到西方新思想、新学识的传入及其作用，才使古越藏书楼站在了时代发展的潮头，得以开风气之先。另外，古越藏书楼以西方图书馆为摹本，学习和借鉴了西方图书馆的制度与方法，因此它虽仍冠以旧式藏书楼之名，但其性质已完全是新型的近代图书馆，是取法于西方而创建的公共藏书机构。当时的有识之士对古越藏书楼给予了高度评价。以兴办实业和文化教育事业闻名一时的张謇曾说过："泰西之有公用之图书馆也，导源于埃及、希腊，迨罗马而益盛，今则与学校并重，都会县邑具有之。无惑乎其民愈聪、国愈丰。籀我国之图籍，列州郡盖亦二百五十有奇矣。使各得一二贤杰，举私家所藏书公诸其乡，犹是民也，何必不泰西若。謇持此说，亦尝有此志焉，欲效先生之所为，而亦欲海内藏书家皆效先生只为也。存古开新，宏愿实同，求诸当世，知必有任之者。"①

1905年，湖南巡抚庞鸿书奏建的湖南图书馆成立。这是中国图书馆史上第一个以图书馆正式命名的官办公共图书馆。同年，东三省总督徐世昌、黑龙江巡抚周树模奏建黑龙江建设图书馆；邮传部也设图书馆一区，分咨各国出使大臣，购寄各种图书皮藏，后邮传部官制设有议员图书馆。1906年刘光汉撰写《论中国宜建藏书楼》一文中深刻指出："学

---

① 吴晞.从藏书楼到图书馆·古越藏书楼章程[M].北京：书目文献出版社，1996（1）：140-141.

术者，天下之公器也。今以书自私，上行下效，寒峻之家，虽欲检阅而无由。"并向社会疾呼："上下交争书而学危。"①罗振玉撰文《京师创设图书馆私议》，比照西方诸国提出倡议："保固有国粹，而进以世界之知识，一举而二善备者，莫如设图书馆。方今欧、美、日本各邦，图书馆之增设，与文明之进步相追逐，而中国则尚闵然无闻焉。鄙意此事亟应由学部倡率，呈规划京师之图书馆，而推之各省会……如是二十年后，我国之图书馆，或稍有可观乎。"②该年政务处奉准成立学部，并由学部奏定官制，设立五司，专门司掌大学、专门学堂、各种学会、图书馆、天文台及留学事务。该年江绍诠于上海开设博物图书馆。1907年贵州学务公所附设图书纵览室。1908年学部咨各省改学务公所六课为六科，其中设图书科，整理编译教科书参考书，并管理图书馆、博物馆等事务。同年，相继成立的图书馆主要有：天津直隶图书馆、奉天图书馆、江南图书馆、湖北图书馆和福建图书馆等。1909年是中国近代图书馆史上最为重要的一年，众多的官办公共图书馆于本年成立。1909年12月鉴于各省公共图书馆的建立，清政府正式颁布《京师及各省图书馆通行章程》，它规定图书馆建立的目的是："保存国粹，造就通才，以备硕学专家研究学艺，学生士人检阅考证之用。以广征精采，供人浏览为宗旨。"③该章程共19条，对全国图书馆的建设从立法上给以规定，为

---

① 李希泌，张椒华.中国古代藏书楼与近代图书馆史料[M].北京：中华书局，1982（1）：85-130.

② 李希泌，张椒华.中国古代藏书楼与近代图书馆史料[M].北京：中华书局，1982（1）：85-130.

③ 吴晞.从藏书楼到图书馆·学奏拟定京师及各省图书馆通行章程折[M].北京：书目文献出版社，1996（1）：15.

中央、省、府厅州县各级图书馆的建立，提供了法律依据，并对图书馆的收藏范围、职责、管理制度，以及图书馆与流通的方法等均做了详明的规定，这是中国图书馆的第一次立法。可见，真正奠定中国近代图书馆事业基础的，是各省公共图书馆的正式建立。同年内阁大学士张之洞提出筹建京师图书馆认为"图书馆为学术之渊薮，京师尤系天下观听。规模必求宏远。搜罗必极精详。庶足以供多士之研究"①，因而应更加迫切地置建京师图书馆。同年八月初五获清政府批准。与此同时，学部委派缪荃孙为正监督，徐坊任副监督，杨熊祥任提调。1910年10月，缪荃孙到馆任事，在辛亥革命之前，京师图书馆还处于征集图书、整理图书的筹小阶段，一直没有对外开放。馆内藏书以翰林院、国子监南学及内阁大库残本为基础，调集各省官书，又征调了翰林院《永乐大典》、库伦"唐开元御制故决阙特勒碑拓片"、敦煌经卷、常熟瞿氏藏书、湖州姚氏藏书、扬州徐氏藏书等善本入藏。民国建立后，京师图书馆于1912年8月正式开馆。京师图书馆作为国家图书馆，它的创建在中国图书馆史上具有划时代的意义。它的创建标志着中国完成由封建藏书楼向近代图书馆的转化，它的建立开创了中国图书馆史上的一个新时代，标志着中国近代图书馆事业进入了全面的创办时期。据不完全统计，自1901到1911年间大致创建图书馆40多所。就晚清时期来说，中国近代图书馆的创建在此阶段中达到了发展的巅峰。

---

① 吴晞.从藏书楼到图书馆·学部奏筹建京师图书馆折 [M].北京：书目文献出版社，1996（1）：155.

二、1912—1949 年我国图书馆发展情况

1911年，在革命先驱者孙中山的领导下，辛亥革命终于推翻了清王朝的封建专制统治，结束了中国两千多年的封建君主专制制度，建立了资产阶级民主性质的"中华民国"。从此，中国社会的政治、经济、文化、军事等进入现代体制变革的新时期，而作为社会文化事业重要组成部分的图书馆事业也随之进入了历史新纪元。

（一）图书馆行政系统的建立健全

"中华民国"建立后，图书馆事业被分配到"学艺"范畴，并纳入国民教育行政系统的体系之中。在中央，图书馆事业由"民国"教育部执掌；在地方，图书馆事业则归属地方政府教育厅及其他社会教育部门。

1. 图书馆中央机构的设置

1912年1月3日，"中华民国"临时政府成立，图书馆事业即纳入"民国"教育部的管理范畴，分属社会教育司掌管。在"民国"颁布的《民国教育部官职令草案》中，明确规定：社会教育司所掌事务包括"关于博物馆图书馆事项""关于通俗图书馆巡行文库事项"[①]。并且，社会教育司分设两科，第一科即职掌"博物馆、图书馆事项"。其时，教育部由蔡元培担任总长，鲁迅则担任社会教育司第一科科长一职，主管全国图书馆等文化艺术事业。对此，《教育部官制》《教

---

① 朱有瓛等.中国近代教育史资料汇编·教育行政机构及教育团体 [Z].上海：上海教育出版社，1993：107.

育部分科规程》等也都有具体条例内容。在1918年12月民国教育部颁布的《教育部分科规程》中，规定总务厅下属庶务科负责"本部所辖学校图书馆博物馆等修建事项"[1]，社会教育司下属第一科（图书博物科）负责"博物馆图书馆事项"，第二科（通俗科）负责"通俗图书馆巡回文库事项"。

此后，在1930年5月，民国教育部颁布《图书馆规程》十四条，及1932年和1933年颁布的《教育部修正各司分科规程》和《修正教育部组织法》中，均确认图书馆要以教育行政机关为主管机关，并由教育部社会教育司来管辖。由此，图书馆在政府教育行政体制上的确立，为图书馆事业的大发展提供了政治保障。

2.各地图书馆系统的兴建

在民国教育部机构设置和职能划分的引领下，全国各地方主管图书馆等社会教育事宜的教育行政机构、教育厅逐渐建立，省、县公立图书馆系统进一步发展。1912年7月10日，民国教育部举行临时教育会议。8月5日讨论蒙回藏教育计划案，并决议设立巡回图书馆。1912年10月20日，四川省图书馆成立。同年，湖南通俗图书馆筹建。重庆市第一家公共图书馆——巴县图书室创建。随后，安徽省立图书馆、浙江图书馆孤山馆舍、贵州省立贵阳图书馆、天津通俗图书馆、热河省立图书馆、北平大学法学院图书馆等如雨后春笋般迅速创建起来。截止到1916年，据国民政府教育部公报统计：全国21个省有省图书馆23所，公私立通俗图书馆237所，巡回文库30个，公众阅报所京师9个，各省公私阅报所共计

---

[1] 陈源蒸等.中国图书馆百年纪事（1840-2000）[Z].北京：北京图书馆出版社，2004：27，25，101，22-23，1，6.

1808所。藏书70100部，每日平均阅览人数7984人，以湖北、山东、河南、奉天等省的藏书和读者为最多。到1947年，我国图书馆省市县单独设置的有418所，民众教育馆附设的有716所，学校图书馆有1492所，机关社团附设有76所，合计2702所。总之，在教育部的主持领导下，民国初年基本完成了全国公共图书馆系统的建设，为图书馆服务向全社会的推广提供了保障。

（二）图书馆规章制度的颁布完善

民国初年，教育部、社会教育司的行职能设置为我国图书馆事业的推广和延伸提供了政治保障。同时，民国教育部和各地方政府教育厅及其他社会教育机构还积极颁布关于公立图书馆和通俗图书馆事项的各项章程、条令、文件等，为我国图书馆事业的建设和发展提供制度保证。

1. 民国教育部关于图书馆章程的制定

1915年10月23日，教育部发表了《图书馆规程》。其中，《图书馆规程》第一条规定："各省、特区应当设立图书馆，储存各种图书，供公众阅读。可以根据当地情况设立县。"第二条规定："公立和私立学校、公共组织和私立学校可以按照本条例的要求设立图书馆。"《通俗图书馆规程》还规定："省、县政府应设立大众图书馆，供公众阅读，可以根据当地情况设立县。大众图书馆规定不收读书费。"此外，《图书馆规程》还明确了银大众图书馆的名称、人员任期、申报程序、经费、阅读管理等事项。这两项具体规定奠定了中国图书馆事业的法律基础，规范图书馆发展方向，有效地推进图书馆建设。

2.各地方政府教育厅关于图书馆规章的制定

早在清末民初，各地方政府就开始意识到图书馆事业的重要性。民国建立之初，1912年5月28日，直隶总督张金波发布公告："城镇乡村均应设立图书馆。"1915年8月10日，教育部核准京师图书馆分馆新闻杂志阅览室规则及学生阅览减免征费办法。1917年1月，京师图书馆制定暂行图书阅览规则19条。12月，天津社会教育办事处创办中国近代最早的儿童图书馆，并制定了《儿童图书馆阅览章程》等规章细则。1919年9月，浙江省海盐县公立通俗图书馆章程细则等被教育部准予备案。

1920年4月，浙江省教育厅制定《通俗图书馆章程》《通俗图书馆阅览规则》和《通俗图书馆职员办事细则》等呈民国教育部准予备案。同年，浙江龙泉县公立通俗图书馆章程及办事细则、江西临川县公立图书馆章程，民国教育部准予备案。1928年10月，山东省教育厅颁布《山东各县公立图书馆暂行规程》（18条）。1930年1月，河北省教育厅公布《河北省立图书馆暂行规程》（20条）和《省立通俗图书馆流动阅览办法大纲》。其他如江苏省、广东省、陕西省、江西省等全国各地图书馆规章纷纷出台，全国各地图书馆章程细则日益完备。

（三）新图书馆运动的兴起

随着民国时期图书馆事业的建设发展，图书馆专业人才尤其是以沈祖荣、洪有丰、杜定友、刘国钧等为代表的留学欧美归来的图书馆学者，利用学习到的西方先进的图书馆理论与方法技术，抨击传统藏书楼的保守与落后，倡导建立美国式的图书馆，随即图书馆界掀起了一场类似新文化运动的"新图书馆运动"。这场运动是一次推广性、平民式、普及化的现代图书馆运动。

新图书馆运动一方面批判了传统的封建藏书楼藏而不用的封闭性和只为极少数统治阶层服务的独占性，倡导图馆公共精神，宣扬美国等国外先进的现代图书馆建设理念，推行开放式图书阅览方式，促进了图书馆藏书结构的现代化建设，从而推动了中国传统藏书楼向为平民服务的现代图书馆的职能转变。1922年，武昌文华公书林出版了由沈祖荣、胡庆生合编的我国第一部中西混合制现代图书馆分类法——《仿杜威书目十类法》。1925年，杜定友编著《世界图书分类法》出版，其后在1925年和1935年进行修改增订，不断完善。这些著述为中国现代图书馆图书分类、排架等业务工作提供了重要的指导意义。此外，新图书馆运动还推动了全国各地图书馆协会组织的发展。另一方面，新图书馆运动极大地推动了图书馆学教育的兴办，培育了一批近代中国图书馆学专业人才。1920年，韦棣华与沈祖荣、胡庆生等在武昌（武汉）创办了我国第一个图书馆学教育机构——文华大学图书馆科。开设的课程主要有《中国图书馆史略》《西洋图书馆史略》《中文参考书举要》《西文参考书举要》《图书馆行政学》《图书馆经济学》《中文书籍编目法》《西文书籍编目法》等，胡庆生、杜定友、李小缘、刘国钧等我国多位著名图书馆家均有教授相关课程。1925年，上海国民大学在教育科内设立图书馆学系，由杜定友任系主任，其课程设置比文华图专更具科学化和规范化。1936年，上海商务印书馆函授学校增设图书馆专业，并曾出版过《图书选择》《图书编目法》《图书运用法》等函授教材。至1936年，我国自己培养的图书馆学毕业生已有100多人①。这些毕业生成为近代我国第一批自主培养的图书馆学专业人才，他们大多服务于国内公共和学校图书馆事业。

（四）图书馆学术研究的发展

民国时期我国图书馆事业的建设和发展，还表现在图书馆学研究的发展和繁荣方面。这一时期，图书馆学经历图书馆学的国外输入和传播，以及我国图书馆学建立两大阶段。图书馆学研究的发展在形式上，则表现为图书馆学术著述的编译、编纂、撰写以及图书馆学刊物的创办、出版。

1. 图书馆学术著述

辛亥革命后的一段时间里，我国图书馆学研究受日本的影响较大。1917年，北京通俗教育研究会编译了《图书馆小识》22章，这本书概括性地论述了图书馆事业和图书馆业务，对我国早期图书馆学研究影响意义十分重大。同年，朱元善撰写的《图书馆管理法》由上海商务印书馆出版，这是上海市最早的关于图书馆管理方面的著述，也是国内较早、影响较大的图书馆学著作。1923年9月，杨昭悊著述的《图书馆学》由商务印书馆出版，这是我国第一部冠以"图书馆学"的专业书籍，它标志着图书馆学作为一门独立学科在中国确立②。而1926年8月由商务印书馆出版的洪有丰《图书馆组织与管理》，则使我国图书馆学术著述走

---

① 谢灼华.中国图书和图书馆史（修订版）[M].武汉：武汉大学出版社，2005：342.
② 华享，施金炎.中国近现代图书馆大事记 [Z].长沙：湖南人民出版社，1988：78-80.

出"编译"的痕迹，走向适应中国国情的独立创作的道路。此外，杜定友的《图书馆通论》（1925）与《图书馆学概论》（1927）、马宗荣的《现代图书馆序说》（1928）、刘国钧的《图书馆学要旨》（1934）等一大批图书馆学专业著述陆续出版发行，丰富了我国图书馆学理论内容。同时，这些图书馆学专业著述的出版，开拓了我国图书馆学术研究的新领域和新境界，并初步构建了我国图书馆现代学术理论体系，为新中国图书馆学术研究奠定了基础。

2. 图书馆学术刊物

民国时期，随着图书馆建设事业发展，图书馆数量、类型大幅增多，图书馆学教育与研究繁荣，我国图书馆界学术刊物也得以纷纷创办刊行。1915年12月，我国第一个图书馆学术期刊——《浙江公立图书馆年报》创办发行。在民国期间，我国图书馆界学术刊物随着国家政治、经济、军事、文化等形势状况而呈现不同的发展态势。在数量上，民国时期的图书馆学术刊物大约有一百五十种。在地域上，它们主要集中于北平（北京）、上海、天津、江苏、浙江、广东等相对发达地区。在刊期内容上，主要内容包含有馆藏绍介、新书推介，国内外图书馆建设及图书馆业务介绍，图书馆学理论与方法的研究，文献学、目录学等文史研究等等。期间，影响比较大的图书馆期刊有：1924年8月创办的《北平图书馆协会会刊》，1925年6月创刊的《中华图书馆协会会报》，1926年3月刊行的《图书馆学季刊》，以及1929年的《文华图书馆学专科学校季刊》《上海图书馆协会会报》和1931年的《山东省立图书馆季刊》等等。这些图书馆专业期刊的刊行，一方面传播了图书馆学知识，尤其是输入了国外先进的图书馆学理论与方法；另一方面开辟了图书馆学学术阵地，增进了各馆间的业务交流与合作，推动了图书学教育以及图书馆事业的发展。

（五）社会团体对图书馆事业的推动

民国时期，随着图书文化教育事业逐步走向正规，一些与之相关的社会教育团体、民间学术组织也与图书馆建设事业交相呼应，相互促进，共同发展。这期间，1915年成立的全国教育会联合会、1921年成立的中华教育改进社、1925年成立的中华图书馆协会等社团规模较大，对民国图书馆建设事业影响最深。

全国教育会联合会组成大多是留学日本和欧美教育界官员及社会贤达。其历届年会议决案都十分关注图书馆在内社会教育事业，并对民国教育立法、图书馆法案制定起重要影响。有些议决案经教育部略加修改后即以法令形式颁布实施。如民国教育部1915年颁布的《通俗图书馆规程》是根据该联合会的《社会教育进行计划案》中的提议制定[①]。中华教育改进社则是由全国文教界行政机关、学校、教育团体等集体成员和从事教育工作和教育学术研究的个人成员组成，由蔡元培担任该社董事，美国教育家杜威等为名誉董事。

据《中国近现代图书馆事业大事记》载，在1922—1925年该社召开的四届年会中，每届年会都有关于图书馆教育组织的决议案内容。而中华图书馆协会是我国第一个全国性的现代图书馆专业学术团体，宗

---

① 华军. 回溯欧美图书馆的中国本土化历程：兼述《南京大学百年学术精品·图书馆学卷》[J]. 大学图书馆学报，2002（5）：1-4.

旨是："研究图书馆学术，发展图书馆事业，并谋图书馆之协助。"协会曾编辑出版《图书馆学季刊》（1926-1937）、《中华图书馆协会会报》（1925-1948）两种刊物及图书馆相关学术调查报告和专题论文集。尽管该协会依附于国民党党部、宣传部等政府机关，但它为民间图书馆学术团体在进行图书馆学教育、培育图书馆专业人才、推动民国图书馆建设事业方面发展也作出重要贡献。

（六）各界学者对图书馆事业的推广

图书馆界众所周知的沈祖荣等，除了对图书馆巨人起到基础和支撑作用外，其他文化名人，如李大钊、蔡元培、鲁迅等著名革命家、学者对中国图书馆的建设和发展也起着至关重要的推动作用。

长期以来，李大钊都被人们视为中国最早的马克思主义者和中国共产党的主要创始人之一。但实际上，他的图书馆教育思想，以及在担任北京大学图书馆主任期间，对旧时图书馆的全面改革思想及其举措，使得李大钊也成为一位不容忽视的造诣卓著的图书馆学家。对此，美国图书馆协会出版的《ALA世界图书情报百科全书》曾称赞他为"中国现代图书馆之父"[1]。蔡元培对中国图书馆事业的建设和发展则具有积极的开拓意义。在他担任民国教育部总长、北京大学校长、大学院院长、国立北平图书馆馆长等职务期间，曾多次主持图书馆相关工作。正是在蔡元培担任民国教育部总长期间，1911年教育部设立了图书馆、博物馆及民众教育馆等事宜的专门管理机构——社会教育司。并且，1915年《图

---

① 李露.论"全国教育会联合会"对民初教育立法的影响 [J].学术论坛，2000（3）：125-128.

书馆规程》和《通俗图书馆规程》这两部奠基性的中国现代图书馆法规章程也是在蔡元培任职期间颁布的。蔡元培这些工作的开展使近代中国图书馆事业的建设发展逐步走向科学化、规范化的现代化道路。而鲁迅不仅是近代中国现代文学的奠基人，他本身也是一位从事多年的图书教育工作者。民国建立之初，鲁迅即担任教育部社会教育司第一科长，主管图书馆相关事宜。在其任职的十四年里，鲁迅为图书馆事业尤其是北京市的图书馆建设付出了很多心血。京师图书馆、京师通俗图书馆、中央公园阅览所等即都是由鲁迅主持筹建。

第二节　近现代职业教育发展历程

在中国近现代史中，职业教育的发展与图书馆的发展是相辅相成、互相促进的关系。图书馆是职业教育传播的载体，职业教育是推动图书馆向前发展的驱动力。在职业教育的发展过程中，也逐渐诞生了二者的结合体——职业院校图书馆。因此，要弄清楚中国职业技术院校图书馆的发展历程，必须要先弄清近现代职业教育的发展历程。

一、职业教育的演变

无论在国内还是国际，职业教育的内涵都一直处于发展变化之中。

近代以来，职业教育的称谓在中国也曾几经变动。中国近代教育是从创办新学堂起步的，而最早的一批新学堂中，除去同文馆等之外，突出的就是职业技术学堂。随着1866年福州船政学堂、1885年天津武备学堂和1887年广东水陆师学堂、1891年湖北算学学堂和1892年湖北矿业学堂、1896年江西蚕桑学堂等学堂的开设，一些实用性、操作性很强的教育内容进入了学校教育殿堂，突破了学校教育儒家经典一统天下的传统藩篱。

1904-1922年间，职业教育被称为"实业教育"。1904年颁布施行的《奏定学堂章程》（亦称"癸卯学制"）将实业教育正式列入学制系统，使职业教育得到了制度化、专门化的保障。在"癸卯学制"的推动下，虽然一批研究应用技术的专门学堂发展了起来，范围也涉及农业、工业、商业、法律、商船等各个领域，却没能称之为"职业教育"。

1922-1949年间才有了"职业教育"之称谓。1922年的"壬戌学制"对职业教育做了较大的改变，将乙种实业学校改为初级职业学校，甲种实业学校改为高级职业学校或高级中学，设农、工、商、家事等职业科，并提倡在小学、初中和高级中学中兼设或增设职业科，由此加重了职业教育在整个教育体制中的比重。

1949-1966年间改称为"技术教育"（含专业教育、技工教育）。新中国建立后，对旧教育进行了改造，旧教育中的职业教育体制逐步被取缔，取消了职业教育这种称谓，代之以"技术教育"，一批中专和技校被建立起来，并且中专还套用了专业教育和干部教育的模式。

"文革"期间，技术教育体系遭受彻底破坏，职业教育曾一度销声匿迹。

1980-1996年间，技术教育系统逐渐开始恢复，在我国教育中影响最大、正规化程度最高的有两种，一是"职业技术教育"；二是"职业教育"。前者是1985年《中共中央关于教育体制改革的决定》提出的，后者是1996年《中华人民共和国职业教育法》（以下简称《职业教育法》）确定并最终成为我国关于这种教育类型的法定名称。

二、中国职业教育的层级和类型

职业教育具有自己独立的层级，它是由初等、中等和高等职业教育构成的独立体系。由于职业教育内涵的广泛性和功能作用的巨大多样性，依据不同的标准，可以将职业教育分为不同的层级和类型。

（一）职业教育的层级

我国学校职业教育体系始于1902年拟订的"壬寅学制"，该学制将学校职业教育分为简易实业学堂、中等实业学堂和高等实业学堂三个层级。我国现有的职业教育体系是改革开放的产物，既继承了壬寅学制的学校职业教育层级体系，又借鉴了国外职业教育体系构建思想。按照职业教育对象、内容、要求、目标规格和人才知识结构、素养素质、技术技能程度的不同，可以将职业教育分为初等职业教育、中等职业教育和高等职业教育三个层级。

1. 初等职业教育

初等职业教育是指在普通小学、初中和高中学生以及不具备基本职业素养、职业素质、职业能力之社会成员中开展的，以普及职业知识，培养职业兴趣、职业意识、职业爱好及其相应职业技能、职业品性为目的的初级水平的职业教育。由于其具有特定的普适性，因而也被称之为职业预备教育。

2. 中等职业教育

中等职业教育在我国现阶段指的是高中阶段的职业教育。这是中国中级技能型人才培养的主体，目前在校生已基本占到了高中阶段的一半。中等职业教育是在中等职业学校（包括职业中学、中专、技校）和综合性高中进行的，属于高中阶段教育，其定位是培养数以亿计的技工和高素质劳动者。

3. 高等职业教育

高等教育阶段的高等职业教育，以前大都指的是专科层面的培养高素质、高技能应用型人才的教育。2014年《国务院关于加快发展现代职业教育的决定》指出：探索发展本科层次职业教育。建立以职业需求为导向、以实践能力培养为重点、以产学结合为途径的专业学位研究生培养模式，研究建立符合职业教育特点的学位制度。这才使我国的高等职业教育进入了开启本科及以上教育的新阶段，改变了高职教育即职高教育、是不入流的低层次教育、始终不被认可、得不到真正应有重视和支持的尴尬局面，使职业教育真正地成为了国民教育体系中的一种类型教育。

（二）职业教育的类型

由于职业教育是一种面向大众的、具有庞大体系的特殊类型的教育，因此可以从教育教学形式、内容、特性和培养对象、层次、目标、规格等不同角度，以不同标准将其分出不同的类别来，包括职前与职后教育、学历与非学历教育、成人与普通教育、学校和家庭与社会教育、补偿与更新提高教育，等等。分类标准不同，分出的类别也就不同，可谓仁者见仁，智者见智。因此，我们对常见的基本类型做如下简要介绍：

1. 职前与职后教育

按照人们进入职场的前后所接受的职业教育，可以将职业教育分为职前教育和职后教育。

职前教育就是人们在正式步入职场之前的教育培训，主要的教育对象是即将面对第一份工作的在校学生。在教、考、训、用的人事管理体制中，培训是人事任用的前提。劳动预备制培训和技工学校等培训机构实施的分初、中、高级培训均属职前培训。世界上职前教育最发达的国家是美国和日本，欧洲各国都十分重视职前教育和职业培训。目前国内的职前教育尚未形成非常好的训练体系。

职后教育就是人们在步入职场之后，为了进一步提高职业技术、技能等职业素养的需要而接受的教育培训，也可以理解为职业继续教育，包括取得学历的职业继续教育，也包括不提升学历的职业教育培训。

2. 学历与非学历职业教育

按照人们是否取得学历，可以将职业教育分为学历与非学历职业教育。

学历型职业教育主要是指学校职业教育，通过一定时间的教育和训练，学生修完一定的学业，获得相应的知识、技术和技能，具备某种能力，获得相应的结业证书、毕业证书和学位证书。从事学历教育的主要是专门的学历教育机构。非学历职业教育不提升学历，是指为使教育对象取得某方面的劳动技术和技能，或某种职业的上岗资格而展开的培训。职业培训与社会实际的职业活动紧密联系，一般是直接为就业服务的，培训的时间、内容、方式和举办的主体因职业不同而异。非学历职业教育的这种与职业紧密结合的特点，国内外都将其界定为名副其实的职业教育。

3. 家庭、学校与社会教育

按照职业教育的施教场所来进行分类，可以将职业教育分为家庭教育、学校教育和社会教育三类。

家庭教育是指以家庭作为施教场所，由家长对子女进行的职业教育。在中国漫长的职业教育发展历史上，子习父学、世袭家传的家庭职业教育模式沿袭已久，成为中国职业教育发展史上的重要现象。

学校教育是与社会教育相对的概念，是由专职人员和专门机构承担的有目的、有系统、有组织的，以影响受教育者的身心发展为直接目标的职业教育活动。学校教育是教育制度的重要组成部分。一般说来，学校教育包括初等教育、中等教育和高等教育。在职业教育领域，学校教育是职业教育的主要形式。

社会教育的基本含义有广义和狭义之分。广义的社会教育，是指旨在有意识地培养有益于人的身心发展的各种社会活动。狭义的社会教育，是指学校和家庭以外的社会文化机构以及有关的社会团体或组织对社会成员所进行的教育。这里所指的社会教育主要是指狭义的社会教育，它是现代社会教育体系中不可忽略的部分。

4. 成人与普通教育

按照学习形式的不同，可以将职业教育分为成人教育和普通教育。

成人教育是指有别于普通全日制教学形式的教育形式。成人教育不限年龄、性别。这个教育过程，使社会成员中被视为成年的人群增长能力、丰富知识、提高技术和专业资格，或使他们转向新的方向，在人的全面发展和参与社会经济、文化的均衡而独立发展两个方面，使他们的态度和行为得到改变。成人继续教育学历有四种主要形式，分别是成人高考（学习形式有脱产、函授、夜大）、高等教育自学考试（自考）、广播电视大学（电大现代远程开放教育）和远程教育（网络教育）。在校学习形式分脱产、业余（包括半脱产、夜大）、函授三种。

普通教育的任务通常由实施普通教育的学校（称为普教性学校）承担。普通教育学校分为普通基础教育学校、职业教育学校和普通高等学校，均实行全日制教学。这里主要指普通职业教育，包括普通中等专业教育、职业高中教育、技工教育和高等职业教育（普通高职也属于普通高等教育）。普通高等教育指主要招收高中毕业生进行全日制学习的学历教育，是与招收在职职工边工作、边学习的函授、夜大、职工大学等成人高等教育形式相对而言的。

5. 公办、民办与公民办职业教育

按照举办主体的不同，可以将职业教育分为公办、民办与公民办职业教育。

公办职业教育一般是指由政府财政拨款和各级政府举办的职业教

育，包括初等职业教育、中等职业教育、高等职业教育和职业继续教育等。

民办职业教育一般是指由社会力量投资举办的各类职业教育，目前比较常见的是民办职业中学、中等专业学校和高等职业院校。民办职业教育是职业教育的重要组成部分，是公办职业教育的重要补充。

公民办职业教育一般是指由各级政府和社会力量共同投资举办，比较常见的是民办公助和公办民助两种形式，这是职业教育体制机制创新发展的重要形式。

三、中国近代职业技术教育历程

中国近代职业教育从酝酿萌芽到正式确立大体可分为四个阶段。

（一）第一阶段：初步确立期（1840—1904）

在这个阶段，中国经历了从实业教育思想兴起到实业学堂兴办，再到完整的实业教育制度确立的过程。作为中国新式学校，应属1862年由总理衙门奏设的京师同文馆，该馆用以培养翻译与办理外交事务的人员。而在工业技术方面，应首推1866年由左宗棠奏设的福州船政学堂。该学堂专用于培养军事所需的造船、驾驶技术人员。这是一所近代中国最早的具有实业教育性质的新式技术学堂。随后，洋务派又开设了一系列类似的实业学堂，如1867年开设的福州电气学塾、1885年由江南制造局附设的工艺学堂、1896年张之洞准许设立的高安蚕商学堂等。甲午海战后，国人中兴起了"实业救国"的思潮，尤其是在维新派的倡导下，又设立了一些实业学堂，在戊戌变法的法令中还专门规定设立农工商总局。

这些新式的实业学堂，主要是适应洋务派推行的"自强""求富"新政的需要而创设的。还有许多只是作为一些实业机构的附属物出现的。数量不多，规模不太，在整个封建的教育体系中，还只占有微乎其微的地位，而其本身也还有很多的封建残留。正是在这有限的而又有着浓厚封建残留的实业学堂的实践中，孕育了近代意义上的职业教育。同时，这些实业学堂的发展也在客观上需要一种统一的规范和协调，这样，一个统一的实业学制的出台就在客观上成为一种需要。

1904年，由张百熙、荣庆、张之洞共同制定的《奏定学堂章程》，即后人所说的"癸卯学制"，由清政府颁布施行，在这个学制中，最早确定了实业教育在近代教育制度中的地位。

在癸卯学制中实业教育专门构成了一个独立的体系，艺徒学堂与初等小学堂平行，实业补习学堂和初等实业学堂与高等小学平行，中等实业学堂与中学堂平行，高等实业学堂和实业教员讲习所与高等学堂分科大学平行。而且各个层次的实业学堂是相通的，就是说低一级的实业学堂毕业生，可以直接升入高一级的同类专业的实业学堂。

从层次看，实业学堂分四等。从类别看，有五类：实业与教员讲习所、农业学堂、工业学堂、商业学堂、商船学堂。中国近代的实业教育制度在癸卯学制中第一次真正确立，可以说已有了比较完整的体系。

（二）第二阶段：初步调整期（1904—1912）

1911年辛亥革命胜利后，中华民国临时政府成立。1912年，教育总长蔡元培在提出的包括实利主义教育在内的"五育"并举的教育宗旨被通过。在此基础上讨论了学制改革，形成了一个更完整的教育系统，史称"壬子癸丑学制"。壬子癸丑学制总的来说与1904年的癸卯学制没有根本的变化。只是在名称上将实业学堂一律改称为实业学校，实业教育制度有所调整和发展。

其中，实业学校根据程度分甲乙两种，分别相当于清末的中等、初等实业学堂，取消高等实业学堂而另设专门学校。实业学校的门类除农、工、商、军事外，还包括政法、音乐、美术、外语等共九类，整体得到了很大发展。

（三）第三阶段：正式确立期（1912—1937）

随着实业教育理论和实践的不断深入，职业教育思潮的不断涌现，赞成、支持职业教育的人越来越多。在一批实业界、教育界和政界的著名人士倡导下，职业教育很快成为潮流，并于1917年成立了中华职业教育社。《中华职业教育社宣言书》对现行教育制度进行了抨击，主张以职业教育为改造中国教育的重心，这在很大程度上为职业教育在学制中的地位奠定了基础。1922年，教育界进行了一次学制改革，由政府颁布《学校系统改革案》，史称"壬戌学制"，又称为新学制。这个学制标志着中国近代职业教育体系正式确定，较以往实业学校的规定有了较大改变：一是将过去的实业学堂、实业学校一律改为职业学校，1912年规定的专门学校名称不变。二是采取了选科制，出现了"综合中学"，即将职业学校、师范学校、普通学校三类的课程进行整合。三是小学高年级即可设职业科准备教育。初级中学也可根据地方需要兼设各种职业科。高级中学必设职业科，有农工商、师范、家事等科。四是实施职业教育的机构有两种类型，一类是专设的职业学校、专门学校等；另一类是合并于中学的机构，如各年级的职业课程、职业科。

1932年，教育部颁布《职业学校法》，改变了"壬戌学制"中的综合中学学制，突出了职业教育地位；1937年颁布《修正职业学校规程》，一系列职业教育法令法规也陆续颁布，形成了较为完备的职业教育制度，确立了适应此时期发展的职业教育体系，促进了职业教育的发展。这种状况，一直持续到1937年抗战全面爆发。

（四）第四阶段：抗战、内战时期（1937—1949）

1937年抗战全面爆发，1945年抗战胜利。抗战胜利后，紧接着又是几年内战。在1937年至1949年这12年间，职业教育没有得到发展；相反，由于战争的原因，职业教育几乎停滞不前。国民政府颁布的《职业学校法》和《修正职业学校规程》也没有得到落实和执行。在抗战和内战期间，在共产党领导下，在抗日根据地和解放区，也创办了一些带有职业教育性质的学校，但也很不成熟，很不完善，不能代表当时职业教育的主流。

四、中国现代职业技术教育发展历程

中国古代职业技术教育、近代职业技术教育和现代职业技术教育的划分，本研究完全沿袭和遵照了中国古代、近代和现代史的划分标准。按照这个基本的划分标准，我们可以认为中国现代职业技术教育产生于1949年新中国成立以后。新中国建立后，政治、经济、科技和文教事业的快速发展，为我国现代职业技术教育的发展提供了强大的社会推动力量。新中国以后，我国着手进行社会主义改造，我国现代职业技术教育的发展此时面临着两大主要任务：一是如何继承和发展革命根据地职业技术教育经验，建立适应新中国社会政治经济发展的现代职业技术教育体系；二是如何对国统区的职业技术教育进行接管和改造，并将其逐步纳入新中国的现代职业技术教育体系。正是在对革命根据地职业技术教育经验的继承发展和对国统区职业技术教育进行改造变革的结合中，中国现代职业教育逐步产生。

新中国成立至今这70多年来，我国职业教育的发展非常曲折，历尽坎坷。我们可以概括为5个不同的发展时期。

（一）改造整顿期（1949-1952）

这一时期正处于新中国成立后教育事业百废待兴的发展初期。1950年，召开了全国高等教育研究会，会上提出要大力发展专科层次的高等职业技术教育，以满足当时国家建设对高级专门人才的迫切需要。1951年，中央人民政府在《关于改革学制的决定》中明确规定了各级各类职业技术学校和专科学院在学制中的地位。正是在这些方针政策的引导下，我国专科层次的高等职业技术教育有了一定的发展，1950年，全国专科学校达到63所。但是在1952年的高等院校院系调整中，专科学校的数量大大减少，其发展受到了沉重的打击。

（二）调整与发展时期（1953-1965）

这一时期我国开始社会主义经济建设前两个五年计划，顺利地实

中国职业技术院校图书馆的建设

现了对农业、手工业和资本主义工商业的社会主义改造，开始全面进行社会主义建设。随着政治经济的发展，我国职业技术教育特别是中等职业技术教育有了很大的发展，积累了一定的办学经验，具备了比较完整的规章制度和较好的教学条件，建立了一批基础相当好的学校。到1965年为止，全国已有中等职业技术学校871所，在校生39.2万人；中等师范学校394所，在校生15.5万人；技工学校400所，在校生12.3万人。中等专业学校、技工学校、农业高中、职业高中的招生数合计高达87.2万人，而当时普通高中招生数仅为45.9万人，国家高中阶段职业教育招生人数远远大于普通教育，教育结构比较合理。为满足社会对应用型高级专门人才的需求，这一时期我国专科层次的高等职业教育主要通过专修科的形式来实施，为此，1953年教育部专门出台了《关于专修科问题的决议》文件。1958年的"大跃进"促进了我国教育的改革和发展，成人教育开始多样化办学，而且成人高校多仿照原大学专修科的模式。这使我国专科层次的高等职业教育在成人高校中得到迅猛发展，到1962年，我国专科学校达到160所。

（二）"劫难"与恢复时期（1966-1978）

这一时期是我国政治、经济、社会的大浩劫，也是我国教育的大浩劫。1966年由于批判"两种教育制度，两种劳动制度"，造成了中等教育结构的单一化，职业中学一扫而光，半工半读的中等技术学校和职业中学在"文化大革命"初期全部停办。职业教育背上"资产阶级制度和修正主义教育路线的产物"的恶名受到批判和取缔。据统计，1965-1972年间，我国中等技术学校减少397所，占学校总数的45%；中等师范学校减少47所，占学校总数的11.9%。1970年6月22日，国务院成立科教组，恢复对教育事业的行政领导，1971年在全国教育工作会议上决定恢复和办好中等专业学校和技工学校，从1971年到1976年，中等技术学校、中师和技工学校开始恢复，但半工半读学校、职业中学和农村职业中学一直没有招生，农村职业教育受到毁灭性的打击，直到1980年才艰难地开始恢复。

（四）规范发展时期（1978—2002）

十一届三中全会后，政治上的拨乱反正，经济上的改革开放带动了我国职业技术教育在恢复中发展，在发展中提高。这一时期我国职业教育发展呈现出三个明显的特点：

一是政府高度重视职业教育。1986年、1991年、1996年三次召开了全国职业教育工作会议。1991年颁布的《关于大力发展职业教育的决定》，1993颁布的《中国教育改革与发展纲要》对进一步改革和发展职业教育事业提出了明确的方向、目标、任务和途径，对职业教育的管理体制、办学体制、投资体制、教学工作、师资队伍建设、评估标准等提出了一系列规定和基本原则。此外，各省也相继颁布了职业技术教育条例。1996年颁布的《中华人民共和国职业教育法》，标志着我国职业教育走上依法治教、规范发展的道路。这些都说明了我国政府对职业技术教育的高度重视。

二是中等职业教育快速发展。1978年邓小平在全国教育工作会议上强调要"扩大农业中学、各种中等专业学校、技工学校的比例"。1980年国务院发布《关于中等教育结构改革的报告》，1982年党的第十二次代表大会特别提到要"加强中等职业教育"的问题，1985年《中共中央关于教育体制改革的决定》中系统地做出了"调整中等教育结构，大力发展职业教育"的指示。在这些文件精神指导下，这一时期我国中等职业教育得到迅速发展，到2000年，我国有中等职业技术学校（中专、技工学校和职业高中）14410所，在校生967.2万人，专任教师数62.56万人。

三是高等职业教育蓬勃兴起。1980年，首批地方性的短期职业大学在新的经济和社会发展高潮中应运而生。1985年，原国家教委开始试办初中后五年一贯制职业教育，至1996年有22所学校被批准实施五年制。20世纪末期，国家要求所有高等专科学校和成人高等学校都与高等职业技术学院一样，培养"高级技术应用性专门人才"，从而把这些院校实施的教育统称为"高职高专教育"。截至2000年，全国高职教育的各项数量指标都超过了普通全日制高等教育。

（五）持续发展阶段（2002年至今）

这一时期我国职业教育进入快速持续健康发展时期。2002年、2004年、2005年、2014年四次召开全国职业教育工作会议，印发了《关于大力推进职业教育改革与发展的决定》《教育部等七部门关于进一步加强职业教育工作的若干意见》《现代职业教育体系建设规划（2014—2020年）》《国务院关于大力发展职业教育的决定》《国务院关于加快发展现代职业教育的决定》等一系列文件，把发展职业技术教育作为经济社会发展的重要基础和教育工作的战略重点，把建设有中国特色的现代职业技术教育体系作为新时期职业教育改革发展的目标。2006年2

月28日，教育部发布的《中国教育"十五"发展情况和"十一五"工作思路》则把"大力发展职业教育"作为"十一五"时期着力抓好的三大任务之一。2010年7月颁发的《国家中长期教育改革和发展规划纲要》把职业教育放在了更加突出的位置，并作出了大力发展职业教育的决策。

正是在这四次全国职业教育工作会议和相关政策文件的引导下，我国职业教育在新时期得到了快速发展。2013年我国中等职业学校招生规模达到674万人，在校学生达到1922万人，中等职业教育的招生规模占高中阶段招生总数45.06%。2013年，高等职业教育招生200多万人，在校学生776万人，约占普通高等院校招生和在校生数的一半，参加各种形式培训的城乡劳动者达到1亿多人次。一个具有中国特色的职业教育培训体系已经形成。

第三节 高校扩招以来职业技术院校 图书馆发展情况

结合图书馆发展历程和职业教育发展历程，不难发现，职业技术院校图书馆的发展历程十分短暂，从近代开始才出现职业技术院校图书馆雏形——福州船政学堂画馆和绘事院。随着职业学院的兴起，职业技术院校图书馆才如雨后春笋般崛起。直到1999年，为进一步实施科教兴国战略，提高全民族素质，加快培养现代化急需的各类专门人才，党中央、国务院决定在全国范围内对高等院校实行扩大招生，职业技术院校得到了空前的发展，随之而来的就是职业技术院校图书馆的扩建和升级。例如，福建船政交通职业学院（船政学堂）图书馆，2010年正式迁入现图书馆大楼，图书馆逐渐智能化，数字化、智慧化，已成为福建省现代化的复合型高职图书馆。

一、高校扩招后职业技术院校图书馆面临的新要求

高校扩招以后，职业技术院校面临前所未有的发展与变革，教育部对职业技术院校图书馆的发展也提出了新的要求。

在经费投入方面。我国高等教育的经费主要由政府承担，职业技术院校图书馆的经费由学校从事业经费中按一定比例拨给。高校扩招后，图书馆的经费要相应增加，以满足教学和科研的需要。

在藏书建设方面。由于大幅度增加招生数量，需要职业技术院校对现有的学科专业进行大幅度调整。扩招后，职业技术院校图书馆藏书建设应根据新设专业和招生人数等情况进行新的定位，合理确定各学科专业文献的收藏比例。

在图书馆办馆宗旨方面。职业技术院校图书馆的办馆宗旨是为教学和科研服务，国家要求扩大职业技术院校招生人数，进一步表明国家对人才培养的重视。因此，在扩招后职业技术院校应进一步明确办馆宗旨，为保证教学的优质，图书馆要更好地服务于教学。

在教育职能方面。当前，职业技术院校的学生思想教育和管理工作出现了一些新情况，图书馆也面临一些新问题。扩大招生规模后，将使图书馆面对更为复杂的读者类别，从而加大图书馆管理的难度。为适应新的情况，职业技术院校图书馆要强化自己教育职能，针对不同层次、不同类别学生进行科学的管理，并利用自身的文献信息优势对学生进行引导和教育，切实搞好服务育人。

面对这些新要求，职业技术院校图书馆也相应采取了改革措施。

第一，多渠道充实图书资源。一是高职领导要充分认识职业技术院校图书馆在高等教育现代化中的重要地位和作用，只要对教学、科研和学科建设有重要作用，就应高度重视和支持图书馆工作；二是加大资金投入，加快图书收藏；三是统一规划学校整体的文献资源，将全部门的办公文献纳入学校整体的统一文献资源保障制度；四是实行馆际互借，加强文献资源共享；五是开展电子出版物馆藏编号，建立虚拟馆藏；六是加强与Calis的合作，实现共建、共享共同知识和网络资源；七是建立数字化图书馆，使图书馆的资源数字化，使读者足不出户就可以查阅相应的资源。

第二，适应专业建设的需要。图书馆建设应以高校学科专业建设为重点，加快图书资料建设，调整优化馆藏结构。职业技术院校图书馆应根据读者信息需求的变化和特点，积极优化资源工作。一是对高校开设的专业和重点学科所收集文献进行综合调查，按照各学科和类别、品种、数量以及主要参照类型所必须使用的文献，优化文献资源结构。二是在确保藏文收藏的体制性规律的前提下，采用科学的方法（如文献计量法等）对藏文进行甄别，优选重点学科和新学科招生后的发展方向。三是文献采访要有先见之明，收藏文献永远是学科建设的前沿，达到图书收藏的作用。

第三，合理利用现有馆舍。首先，科学合理地利用现有的阅览室，去除阅览室不必要的工作区域以增加阅览位置，合理地缩小必要的工作区域，以增大读者阅览区域。其次，延长阅览室的开放时间，为读者提供更多的阅览时间。最后，加强阅览室管理工作，杜绝学生进入阅览室上自习。

第四，加强专业人员素质教育，提高管理水平。一是加强图书馆管理队伍建设，加大对新员工的招聘和引进力度，招聘、吸纳图书馆管理、信息文献或类似专业的本科、研究生。二是树立综合素质，提高专业知识，如图书馆、智能、信息学、文献学、参考文献、知识以及文献信息收集、整体排序、流通、参考能力；馆员需要学习计算机操作技术和网络技术。向教师和学生提供现代信息。三是加强职业道德教育，增强服务意识，提高工作效率，提高工作热情。

第五，保证多校区办学的读者信息服务质量。一是平衡各校区图书资源，尽量加速图书购进的速度，同时对现有的图书资源进行合理分配。可以根据各校区学生专业特点，对资源进行初级分配，以使资源达到最高的利用价值；二是充分利用网络资源满足不同专业层次师生的需求；三是对各高职图书管理人员按照年龄职称结构进行合理分配，同时加快人才引进力度和速度，保证日常工作的顺利进行。

第六，加强图书馆技术设备支持。随着现代通信技术的发展，图书馆在信息社会中的作用由传统的文献流通研究所转变为信息流通中心，并逐渐发展为数字图书馆和虚拟图书馆。从原来的计算机管理到图书馆目录管理、文献检索、流通管理、期刊管理、图书采购、图书分类，再到馆藏管理流程，从计算机管理图书馆。绕过强大的技术支撑，一些人才和设备的加速引进也迫在眉睫。同时，各职业技术院校要为师生提供电子阅览室，通过互联网查阅图书资料。总之，扩招给图书馆带来了严峻的挑战，但也带来了良好的发展机遇。只有处理好扩招与高职图书馆建设的关系才能使图书馆得到发展，才能使职业技术院校图书馆在未来的扩招大潮中取得更加辉煌的业绩。

二、职业技术院校智慧图书馆的发展

1999年是高校扩招的重要转折点，也是物联网技术飞速发展的时刻，人类社会逐渐由工业文明发展为信息文明。在图书馆界，一些领航者开始进行大胆探索，尝试将计算机技术、网络通信技术等现代信息技术在图书馆中应用，图书馆开始由传统的工作机制和工作模式转变为网络化、自动化、信息化的工作模式。计算机在图书馆中逐渐被广泛应用，卡片式检索被计算机检索、联机检索、网络检索取代，纸本资源如图书和期刊的地位逐渐被网络数据库和数字文献所取代。在此期间，网络图书馆、数字图书馆、虚拟图书馆开始出现和普及，并成为现代化图书馆的代名词。

由此，职业技术院校图书馆也经历了网络图书馆、数字图书馆、虚拟图书馆的发展历程，最终为智慧图书馆的诞生奠定了基础。在国家政策的大力支持下，智慧图书馆得到了空前的发展。2021年3月，《中华人民共和国国民经济和社会发展第十四个五年规划和2035年远景目标纲要》首次将积极发展智慧图书馆写入国家政策文件，指出"加快数字社会建设步伐"，首先要"提供智慧便捷的公共服务"①，而智慧图书馆便是其重要内容之一。2021年3月，文化和旅游部、国家发展改革委和财政部联合发布的《关于推动公共文化服务高质量发展的意见》提出要"加强智慧图书馆体系建设，建立覆盖全国的图书馆智慧服务和管理架构"②，将"智慧图书馆"建设作为"加快推进公共文化服务数字化"的重要举措，为我国"十四五"期间公共图书馆的智慧化发展指明了总体意见。2021年4月，文化和旅游部发布的《"十四五"文化和旅游发展规划》则进一步提出要"统筹推进智慧图书馆"，并详细阐明要"以全国智慧图书馆体系建设为核心，搭建一套支撑智慧图书馆运行的云基础设施，形成国家层面知识内容集成仓储，建设和运行智慧图书馆管理系统，在全国各级图书馆及其基层服务网点普遍建立实体智慧服务空间"③，明确了文化和旅游系统在"十四五"期间智慧图书馆建设的战略发展目标。2021年6月，文化和旅游部印发的《"十四五"公共文化服务体系建设规划》提出力争到"十四五"末，我国智慧图书馆体系建设取得明显进展的发展目标，指出要推动实施智慧图书馆统一平台建

① 柯平.关于智慧图书馆基本理论的思考[J].国家图书馆学刊，2021，30（4）：3-13.
② 文化和旅游部国家发展改革委财政部关于推动公共文化服务高质量发展的意见[EB/OL].[2021-08-30].http：//zwgk.mct.gov.cn/zfxxgkml/ggfw/202103/t20210323_923230.html.
③ 文化和旅游部关于印发《"十四五"文化和旅游发展规划》的通知[EB/OL].[2021-06-13].http：//www.gov.cn/ zhengce/zhengceku/2021-06/03/content_5615106.html.

设，推动公共图书馆的智慧化运营和加强基层公共文化机构的智慧化服务与管理，也提出了全国智慧图书馆体系建设项目①。从以上政策文件中可以看出，"十四五"时期我国将重点推进全国智慧图书馆的体系化建设，全面发展图书馆的智慧管理、智慧服务与智慧空间。基于此政策背景，职业技术院校智慧图书馆得到了空前的发展。

---

① 文化和旅游部关于印发《"十四五"公共文化服务体系建设规划》的通知 [EB/OL].
[2021-09-27].https: //m.thepaper.cn/baijiahao_13350120.html.

第二章

中国职业技术院校图书馆服务职能研究
——以高职院校为例

第一节　职业技术院校图书馆职能的基本含义

一、图书馆服务

图书馆服务是指运用图书馆资源满足读者对文献信息需求的行为与过程。图书馆是社会需求的产物，其天职是为社会提供服务，因此，图书馆的价值是通过服务体现的。在知识经济成为社会经济主流以及社会经济结构开始发生变化的时代下，社会需求也发生较大变化，知识总量不断增长、知识领域不断扩展、信息需求不断增加，这些都会促使信息时代图书馆的服务方式也随之发生变化。

二、职业技术院校图书馆服务

职业技术院校图书馆服务是在院校范围内，运用图书馆资源满足师生员工对文献信息需求的行为和过程。图书馆作为教学辅助部门，其职能之一就是为教学科研人员提供优质高效的服务，最大限度地满足他们对文献信息的需求。读者是否满意是检验图书馆服务质量的标准，其服务效能是在以自身资源服务过程中所形成的具有影响力的优质服务规范。高职院校创建图书馆服务效益的主要目的是提升图书馆的服务质量，满足职业技术院校教学、科研和管理需求。由于每个高职院校都有自己的办学特色，而且院系设置、专业方向很明确，使得图书馆馆藏资源的建设自始至终围绕着学校的专业构成来开展，因此资源具有很强的专业性、针对性，这一点与Internet包罗万象的信息不同。另外，图书馆的服务功能也围绕着特定读者的学习、工作和科研、管理需求。

三、高职院校图书馆

知识经济时代下，高职院校图书馆不再是一个固化的资源管理体系，而是一种变化的信息服务机构。信息服务不仅要经营信息资源，更要经营用户及其信息活动，要整合三者之间的动态联结，优化影响三者的环境。因此，高职院校图书馆不应再是具体资源或机构的管理者，而是校园信息活动的组织者和协调者，要面向整个校园信息环境来开发用户、激励需求、组织信息活动、开发组织联结和利用信息资源，充分参与和积极引导校园信息环境建设，形成面向校园集成信息体系和信息环境的管理取向。只有这样，高职院校图书馆才能有效推进信息服务和满足信息需求，并在校园信息环境中发挥主导作用。

高职院校图书馆发挥功能的基础发展动力不再是有限的文献资源，而是其组织信息活动、提供信息服务和协调信息环境的知识与能力。这种能力可以使高职院校调动各种政策、技术和资源；可以利用各种工具、系统和服务；可以灵活构造和改造需要的组织结构和系统机制；可以方便地扩展到整个信息环境和所有的信息活动之中，而且这种能力本身能够随着知识和技术的发展而发展。

高职院校图书馆的基础功能不仅是面向具体资源的管理与服务，而且是面向用户和信息活动的服务与管理。高职院校图书馆从经营资源为主转变为经营服务为主，从局限于一个机构和有限资源的服务转变到开发利用多种资源和多种系统来提供服务，冲破文献"情结"和图书馆"陷阱"，站在整个校园信息环境的角度，确立协调环境、激励用户市场、培育资源市场，联结、利用和协调各种技术与服务，统筹开发和推销信息服务等功能的战略地位，重组包括资源组织利用在内的功能结构和功能关系，形成积极开发、有效经营和不断发展信息服务的内在机制。

第二节 高职院校图书馆职能的服务性

一、教育是一种服务

高职院校是一个集合知识生产（科研）、知识传播（教学）和知识利用（科技产业）的综合体。自诞生以来，它就是人类知识生产和集中之所，也是人类知识播撒和辐射的中心。这种对知识生产、传播和利用的过程也是一种服务，因为它以人为中心，以培养人的进步和发展为目的，引领社会和文化、经济整体发展和进步。

二、高职院校图书馆是高等教育信息服务机构

图书馆是公共知识中心在某一特定发展阶段的表现形态，是专门从事公共知识管理（为社会公众提供知识搜集、整序、存储、供给和交流服务）的社会公益组织，是为了实现人类知识共享与社会知识保障而作出的一项社会制度安排。公共知识中心（图书馆）实际上代表着公共知识管理制度，这种观念的形成、发展和完善是一个认识不断深化的过程，它无疑在人类公共知识平等获取与合理使用发展史上具有重要意义。

三、图书馆员提供的服务是知识服务

知识是人们对自然现象与规律、社会现象与规律的认识和描述，它只是客体，不能自己生产和创造，也不能自动转变为知识资本。只有人才是知识的主体，才能决定知识的质和量以及知识对经济的实际作用。"知识人"的造就和培养由此就成为制约和影响知识生产的直接原因。图书馆通过书刊资料，运用多种形式传播科学文化知识，向读者进行教

育。它以其独特的资源优势与服务方式，已经成为社会公认的继续教育和终身教育的重要基地。图书馆能以自己的劳动生产出社会所必需的知识产品——文献。图书馆员对文献的开发和重组所形成的二三次文献，具有独特的使用价值。知识经济概念将现有知识分为四大类：知道是什么、知道为什么、知道怎样做和知道是谁。二三次文献就是关于知道知识"在哪里"和知道知识"怎样找"的知识产品。在知识经济时代，知识浩如烟海，而人的记忆是有限的。因此，图书馆所产生的这种知识产品在知识时代不仅必要，而且非常重要。这种提供知识产品的过程，也就是知识服务的过程。

四、高职院校图书馆提供的是知识服务产品

高职院校图书馆是一个知识服务的过程。黄纯元先生从日本学成归国后，多次在基础理论研究中使用"机构/制度"称呼图书馆；范并思先生亦主张"公共图书馆的出现意味着现代信息公平制度与信息保障制度的建立，它的存在代表着一种信息公平制度的存在"。所谓知识服务是以搜寻、组织、分析、重组信息知识的知识能力为基础，根据用户的问题和环境，融入用户解决问题的过程中，提供有效地支持知识应用和知识创新的服务。图书馆与传统信息服务不同，是一种面向知识内容和解决方案的服务，它以用户满意为目标，通过提高用户知识应用和知识创新效率来实现价值，通过直接介入用户最困难部分和关键部分来提高价值。

五、高职院校图书馆的多种职能要求图书馆服务具有不同表现形式

高职院校图书馆具有教育、情报信息服务、教学科研服务等多种职能。这些职能都体现了高职院校图书馆的不同的服务对象、服务内容和服务方式。例如，图书馆教育职能的表现形式之一就是：它是不断地帮助学生巩固课堂知识、增加课外知识、扩大视野、开拓思路的辅导站，可以说它是教育系统的一个特殊分支。图书馆给予一个在校学生的知识，补充了青少年对未知世界的渴求，能够满足他不可遏制的求知愿望，在他们汲取丰富知识的基础上，开发他们的智力，培养他们的学习兴趣和自学能力，为他们今后从事某一学科的专门研究奠定深厚基础，同时也是一个对他们课堂所学严格检验的机会。作为一个青年学生，懂得利用图书馆，则是一条早成才、早出成就的有效途径，这样的先例不胜枚举。图书馆表现形式之二是对每一位到馆读者提供终身教育的职能。图书馆与学校教育这种形式大不相同，它不受任何限制，能够满足不同读者的学习要求，人们在这里学习可以任其所需，自由选择专业科目及学习方法。每一个人尽可从小到老把图书馆作为一生学习、研究和受教育的基地。教育本来就应该是伴随人生始终的过程，图书馆是进行终身教育的最理想的课堂，也具有对每一位读者进行终身教育的各种条件。

第三节　高职院校图书馆职能服务的影响因素

一、高等教育的服务

高等教育本质上是一种教育服务，它的产生和发展是社会进步的必然结果。如果说人类社会发展的历史是从愚昧走向教化、从野蛮走向文明的过程，那么可以说，高等教育是推动人类文明不断创新的历史过程。高职院校图书馆是高等教育的重要组成部分或载体，在为高等教育服务过程中，图书馆不断彰显出自己的重要价值，并逐渐形成了作用于人类社会进步的基本职能，即为高职院校的人才培养、科学研究和社会服务发挥着教育职能、情报信息职能、科研服务职能和社会服务职能。

二、高职院校自身的发展需要

第一，高职院校在发挥终身教育中的地位和作用时，要求高职院校图书馆提升教育服务和信息服务职能。随着终身教育理念的深入，建设学习型社会成为我国政府和社会共同推动的工程。在终身教育体系中，高职院校的地位具有举足轻重的作用，高职院校越来越成为区域文化中心。高职院校图书馆作为服务于社会的重要的文化机构，必须充分发挥其社会教育职能和信息服务职能。正如《普通高等学校图书馆规程（修订）》第二条明确指出的："高等学校图书馆必须贯彻国家教育方针，履行教育职能和信息服务职能，为培养德、智、体、美等方面全面发展的人才，发展教育科学文化事业，建设社会主义物质文明和精神文明服务。"高职院校图书馆是人类知识的存储中心，在履行教育职能和信息服务职能时必须配合高职院校为培养德、智、体、美等全面发展的人才服务，发挥高职院校作为人类知识生产和人类知识传播辐射中心的作用，为社会的进步和经济文化整体发展服务。

第二，高职院校的社会服务职能要求拓展高职院校图书馆的社会服务职能。高职院校图书馆有着丰富的文献信息资源，在信息时代，其公共知识是全人类共同的财富，理应由全社会共享。社会全体公民的纳税是公共知识中心（图书馆）赖以存在的经济基础，公共知识管理事业是国家对全社会的智力投资。公共知识中心应当无条件地向一切用户平等地开放，保证社会大众拥有平等地获取与利用知识的权利。1949年联合国教科文组织的《公共图书馆宣言》，通过1972年、1994年的修订，始终坚持："公共图书馆应当可随时让人到馆，它的大门应当向社会上一切成员自由地、平等地开放，而不管他们的种族、肤色、国籍、年龄、性别、宗教、语言、地位或教育程度。"这一宣言已得到公众的认识和认可，成为图书馆人的共同追求。

第三，高职院校与现代科学技术、与现代生产的紧密结合要求加强高职院校图书馆的科研服务职能。现代高等教育已经成为国家创新体系的重要组成部分，高职院校只有与现代科学技术、现代生产紧密相结合，才有可能实现高等教育的创新功能，才能促进高等教育与社会发展的双向良性互动。因此，高职院校图书馆需要扩大投资，及时引进最新图书资料，加强现代化建设，从而充分发挥为教学科研服务的职能。

三、信息化、网络化时代要求

信息界泰斗比尔·盖茨曾坦言："图书馆是未来社会的第一信息部门。"高职院校图书馆伴随信息产业的发展越来越与社会接轨，应有超前意识，要由被动接待读者转变为主动面向社会发展读者、吸引读者，因此树立社会需求是图书馆事业生存和发展的动力和核心思想。图书馆服务读者的工作要与社会需求相适应，在为本校读者提供最优质服务的基础上，利用馆藏资源优势，积极走入社会，宣传馆藏，了解社会需求，开发和推荐信息产品，向社会提供优质服务，让图书馆这一知识产业的重要组成部门为社会的繁荣发展做出贡献。网络化带来的教育信息化趋势，要求高职院校图书馆由原来被动地为教学、科研服务，转变为主动地直接参与学校的教学与科研。图书馆可利用自身的信息资源和技术优势，创办独具特色的主题网站，直接参与学校的政治思想教育、心理健康教育、文化素质教育和学生闲暇教育。图书馆还可通过学科馆员直接参与教学和科研活动，利用多媒体视频播放优秀的中外影视作品，组织学生开展影视评论，开阔视野，从中汲取丰富的精神文化营养；还可利用电子阅览室，积极开展各种与"网络"主题相关的活动，培养学生的创新能力和科学精神，努力创建深厚的图书馆学术文化氛围。同时，高职院校图书馆还应当与学校各院系保持合作，开发网络课件，开展远程教育，以服务于社会，从而形成具有多重选择的、无时空限制的、以个性化为主的协作型、生动性的教育模式，使图书馆真正成为全面推进素质教育的平台。

四、学生成长的必然需求

一个人从中学步入高职，这在人生旅途中是个重大转折。中学时期主要是学习文化基础知识，但升入高职之后，无论心理、学习课程和学习方法均有很大的转变，学习目标有了一个更高的境地。在国家规定的培养目标下，个人的前途要与国家的发展需要、就业导向等结合起来。为此，学生一要构建自己合理的知识和智能结构，二要加强自身全面修养，使自己成为国家所需要的专业人才。学生在高职学习生活中，除了课堂学习之外，最离不开的就是图书馆，因为图书馆蕴藏着古今中外大量的文献史料，蕴藏着各行各业的百科知识、各类工具书、综合性的图书、报刊以及分门别类的各种音像制品。

为培养学生的综合素质，使他们成为德才兼备的专业人才，高职院校图书馆必须发挥教育职能作用，在学生专业教育、基础知识教育和综合教育等方面下功夫，使他们适应未来的社会需求。除此以外，还要使学生学会利用图书馆，了解图书馆藏书结构、掌握图书馆学科分类体系，熟知图书馆机读目录的使用和检索方法，掌握工具书的使用方法和网络信息检索技能，并促使学生养成在图书馆学习的良好行为习惯。

总之，如果说课堂授课教师是言传身教的老师，图书馆便是无言的老师，它对每一位朋友都是公平的，只要你付出，便会有收获。高职不同于初级教育，它在给学生传播基本知识的同时，还注重培养学生的自学能力、思维能力和独立研究的能力，而学生自学就需要依靠图书馆。一是图书馆有安静的环境；二是图书馆作为知识的海洋，拥有丰富的藏书并使人产生求知的欲望；三是图书馆有课堂所学知识的延伸和课堂以外的各类综合性知识。学生写论文、进行学术研究、参加论文答辩，甚至做作业，都须在图书馆查阅文献资料。图书馆不仅为学生提供丰富的文献资料，而且还教会学生掌握文献及义献检索的基本知识，掌握搜集、获取文献情报的基本技能，从而掌握论文的选题和写作方法等。学生通过图书馆找到了所需要的知识，进行了再学习、再教育，从而提高了自身文化素质。

第四节　高职院校图书馆的服务职能变迁

自有图书馆以来，其职能在不断拓展和加强。如果说封建社会藏书楼只有收藏储存人类文化遗产的职能，那么，近代以来的图书馆首先是增加了教育职能，然后是文化娱乐职能、情报信息交流职能、学术研究职能。图书馆各种职能的拓展和增强最后都体现在服务上，通过服务完善来实现各种职能。图书馆各种职能并不是独立存在的，而是密切联系的，是在服务这一职能的过程中实施的。在各类图书馆中，高职院校图书馆是高职院校的文献信息中心，是高职院校科研教育的信息保障，也是学生的第二课堂。高职院校图书馆的职能也是随着社会的发展而不断变化的，但其主要职能仍然是为教学和科研服务。了解高职院校图书馆的职能变迁过程及其特点，可以揭示其传统职能的局限性和拓展现代高职院校图书馆职能的紧迫性和必要性。

一、传统高职院校图书馆与现代高职院校图书馆的区别与联系

传统高职院校图书馆与现代高职院校图书馆的区别与联系具体表现在：

（一）组织模式

高职院校图书馆传统的组织模式是一个由文献的收集、标引、流通、检索咨询等工作组成的物化了的线型模式。这种模式中各个环节关系松散，既不能充分满足读者的信息需求，也不能给读者以最大的帮助。现代信息技术的介入，使高职院校图书馆向读者提供的不仅仅是馆藏信息，而是通过各种途径和现代化技术手段获取的世界范围的信息。针对这种全球信息流，高职院校图书馆的组织模式必须从线型转向网络型。这种网络信息模式以综合协调部门为主点、一个知识体系工作单元为支点进行网状连接，信息流经主点和各节点进行协调后，按知识分类体系分流，提供给各节点。节点数量的多少主要依据文献量、信息

量和读者的需求量，而各节点加工处理的只是若干学科或相关的文献信息。这种工作体系弱化了传统的文献信息加工处理程序，提高了文献信息服务工作的全面性和系统性，使图书馆工作人员与文献信息之间的联系更为密切，有利于提高工作人员的业务水平和专业素质；加强了图书馆内部工作的联系，有利于提高图书馆工作效率；强化了读者同工作人员以及图书馆各项工作的联系；大大提高了用户需求的满意率和准确率。

（二）管理模式

多年来，高职院校图书馆传统的管理模式一直受功能结构和学科结构理论的影响，要么将图书馆部门按采访、分编、典藏、流通等划分管理，要么按学科门类分开管理。在信息化、网络化条件下，高职院校图书馆采取综合协调、节点分流的有序管理模式。所谓综合协调，是指设立一个综合协调部门，负责全馆的决策、计划、控制、协调、考核、公关、经济等工作，其中包括经费的使用、节点的划分和工作人员的配备、图书馆设备的购买与统一管理、馆内业务学习和工作人员的业务培训、读者教育和分流工作、与其他信息机构合作交流等。因此，综合协调是个分节点工作的补充和协调机构。所谓节点分流，则是按照知识体系划分的各个工作单元设立节点，将信息流按节点分流。每个节点的工作人员必须把满足用户需求作为首要任务，全面完成从文献收集、加工、整理到检索、咨询、用户需求的满足等各项具体工作，保证服务工作的全面性、系统性和科学性。

（三）业务模式

主要包括以下五个方面的内容：

1. 采访模式从四处联络到足不出户。传统的采访工作靠书报圈点、人工联络来获取出版信息、了解用户文献需求、收集意见反馈，然后向书店付款定购。网络条件下，高职院校图书馆的采访工作则可以足不出户地在网上采购各类文献、直接与书商及用户联系，征求意见，咨询问题，甚至可以通过电子商务进行经费的支付和存取预算。

2. 编目模式从重复劳动到联机外包。传统的编目工作都是各馆采用不同的分编法独立进行的。新型的高职院校图书馆以联机编目或编目外包等形式，主要行无序化网上信息资源的整理和揭示，从而改变过去独立作战、重复劳动的局面，并确保网上资源的准确性和可用性。

3. 流通模式从实体借阅到信息传递。高职院校图书馆传统的流通方式是书刊等文献实体的借还。在信息化、网络化时代，高职院校图书馆的流通方式更多地是通过网络传输用户所需的文献信息。

4. 阅览模式从在馆借阅到"图书馆–办公室–家庭"三者相结合。传统的借阅方式是读者到图书馆阅览室凭证借阅书刊和声像资料等。随着校园网及地区性网络的建成，图书馆馆藏书目数据、全文和检索光盘纷纷上网，读者不到图书馆来就可以在办公室和家中检索阅读、下载自己需要的信息。

5. 咨询模式从孤立简单到全面深入。传统的咨询模式主要是在图书馆内开展孤立简单的问答式、教学式和发布式的参考咨询。在信息化、网络化时代，高职院校图书馆的参考咨询更加注重通过网络对用户提供深入的全方位的信息咨询服务，咨询内容不再是一般性问题，而更多的是要帮助读者学会如何利用电子文献、选择数据库、网上搜索并下载信息文献、操纵远程软件等，并开展以综述、评论、专题报告、预测报告、动态分析等三次文献为核心的高级咨询服务。

（四）馆藏模式

主要包括以下几个方面的内容：

1. 馆藏概念从书刊收藏到网络收藏。在信息化、网络化时代，传统高职院校图书馆追求"小而全""大而全"的实物馆藏失去意义，"本馆馆藏"的概念淡化，读者可在网上查获、利用本馆未收藏的大量文献。对于丰富的网络资源，只要有能力获取并让读者利用，就能成为本馆馆藏。

2. 馆藏载体从纸质实体到多介质和多媒体。随着现代科技的迅猛发展，千百年来印刷型文献一统天下的局面被打破，图书馆收藏和流通的不再只是印刷型实体文献，磁介质的视听资料、光介质的缩微资料、电子读物以及多媒体文献等机读文献的收藏迅速增加并日益在馆藏中占据主导地位。信息载体的多样化使高职院校图书馆的馆藏范围不断拓展。

3. 馆藏策略从静态固定到动态虚拟。信息载体的多样化，改变了高职院校图书馆的馆藏结构，丰富了馆藏资源，使高职院校图书馆的收藏从静态的实物收藏转化为动态的文献收藏以及网上虚拟收藏。

4. 馆藏理论从强调拥有到注重检索。对传统图书馆馆藏影响最大的是宏观的藏书建设理论。这一理论强调"拥有"，即通过图书馆收藏和馆际协调，达到较高的文献保障能力。随着现代信息传递技术的迅速发展，理论界提出了文献保障应从强调拥有馆藏转向注重检索并通过提高文献信息可获知能力与可获得能力来提高信息保障能力的思路，这对于网络条件下高职院校图书馆馆藏建设具有重要的指导意义。

（五）服务模式

这主要包括两个方面：第一，服务理念从"馆藏中心"到"自动中心"。高职院校图书馆传统的服务工作是以图书馆为轴心的"读者—图书馆—读者"型服务模式，体现的是一种简单的需求指向，提供的是以馆藏资源为主体的文献实体。在信息化、网络化条件下，高职院校图书馆读者服务工作是以读者为轴心的"自动型"服务模式，实现的是一种全方位的智能化信息服务，提供的是经过深加工的有序化、浓缩化、精细化的"信息块"和信息存取途径。在这种模式下，高职院校图书馆应主动适应网络环境，从内容到形式、从技术到管理，不断进行调整定位和信息重组，强化信息导航功能，使读者服务工作从以本馆为主走向本馆以外的其他节点，使读者需求服务社会化、个性化。同时，高职院校图书馆从仅仅提供文献实体的被动服务扩展到提供检索途径，对知识信息进行整合和有序转移，并提供培养用户信息能力的"馆外化"教育内容的主动服务。第二，服务形式从单一化到多样化。高职院校图书馆传统的读者服务主要是书刊的借还、实体文献的查检、简单的参考咨询，服务形式单一。随着信息环境的变化，高职院校图书馆新颖的、多样的信息服务形式不断应运而生，如动态服务、双向服务、横向服务层次服务、柔性服务等。具体如表3-1所示：

表3-1　传统图书与现代图书馆的比较

服务类型　　图书馆类型	传统图书馆	现代图书馆	
		自动化图书馆	数字图书馆
工作中心	馆藏	馆藏	用户
馆藏形式	印刷型	印刷型及少量电子出版物	数字信息资源
工作形式	手工作业	对数目数据及专题数据库进行自动化加工	对文献内容进行自动化加工
检索手段	手工检索卡片	对数目数据及专题数据库进行自动化检索	对文献内容进行职能检索
服务对象	为到馆读者服务	以到馆读者为主，在一定范围内提供文献传递服务	面向全球读者提供网上服务
馆藏加工	浅加工	浅加工	深加工并使馆藏具有增值效应

　　从图书馆的服务时间来看，以往读者意见集中体现在几乎所有的图书馆都开放时间太短，要求延长开放时间。在当今的信息时代，读者用户的信息需求日益增长，传统的图书馆服务时间显然已经难以适应这样的增长。以图书馆的服务空间而言，以往读者感到不方便的就是空间的障碍，即使是同一地区、同一个城市的不同地点，也会给读者带来许多麻烦。

　　从图书馆的服务手段来看，以往读者感到不满意的是手工操作的缓慢，手工查卡、手工抄写、手工借还、手工搬运，读者一集中就会形成长时间的排队等候。另外，图书馆员的劳动强度也很大，以计算机为代表的现代信息技术使图书馆的服务方式正在发生重建。就服务方式而言，知识服务是基于内容的专业化的垂直服务。所谓知识服务，就是指以文献资源建设为基础的高级服务，它是针对读者需要将显性和隐性知识提炼出来的灵活服务体系与服务模式。知识是贯穿于知识服务的核心要素，随着网络技术的发展，虚拟的网络文献资源和现实的馆藏共同构成图书馆知识服务的文献资源基础。数字图书馆的发展与完善使文献数据库得到了广泛的应用。传统的图书馆提供信息服务的方式是一种基于形式上"可接近性"的参考咨询模式，如设立参考咨询部，建立咨询台等。这种服务一方面受参考咨询人员专业的限制，在服务深度上不可能满足每个学科专业用户的专业性需求，只能单纯地以提供文献为目的；另一方面，在服务量上也存在用户提问的内容广泛、数量庞大和咨询人员相对不足之间的矛盾。知识服务应该是基于内容的专业化的垂直服务，参考咨询人员应是对学科专业和参考咨询工作都有专长的人士；在服务方式上，参考咨询人员应当融于用户之中，参与用户的研究过程，而不是游离于用户之外。

二、传统高职院校图书馆的职能及服务特点

传统的高职院校图书馆是指其功能模块，一般以业务功能、工作程序或者服务对象作为划分部门依据，面向内部管理，以实物文献的采集、加工、整理、流通服务为重点的物质交流的管理模式。图书馆主要收藏以纸张为载体的信息，它的服务必然围绕着纸张文献、图书馆馆舍和高职院校师生展开。

（一）传统高职院校图书馆的职能

一是书刊资料中心，发挥着文献保存职能。传统的图书馆是一座建筑实体，图书馆馆藏也主要以实物书为主，其主要任务是保存和收集与高职院校学科专业相关的文献资料，其主要形式是图书、期刊、报纸等。

二是传播知识中心，发挥着教育职能的作用。传统图书馆主要任务是担任文献检索课的教学和辅导工作，内容包括文献检索知识及技能、中外重点文献检索工具的查询与使用、机检理论与技巧、情报分析与研究、专科文献学理论等。

三是专业化服务，发挥着科研服务的职能。传统图书馆是在固定的地点、固定的时间向读者提供面对面的交流服务，服务对象是本校的教师和学生，服务方式是坐等读者上门。

（二）服务特点

传统高职院校图书馆在服务模式、服务观念、服务结构、服务组织、服务重点等方面形成了自身的规律和特点。服务模式相对单一，服务方法简单，因服务的对象主要是本校的师生员工，读者也相对稳定。所以它主要有以下几个特点：

第一，服务系统的封闭性。图书馆是一个服务性的机构，每个具体的图书馆都有自己的服务对象、范围和方式。就高职院校图书馆而言，它的服务对象是学校广大师生员工，图书馆通过向读者提供图书资料及其他知识、信息载体及各种设备来为师生员工服务。高职院校传统图书馆由于在发展过程中与社会的接触是受限制的，可谓是自我封闭的内向型。因此，在藏书建设中，传统图书馆由于限定服务对象和范围，另外还受所属管理体制的限制，加上资金有限、服务有限，不能充分发挥文献信息的作用。

第二，服务主体的被动性。传统图书馆的服务一般是等读者上门，所有的服务基本是以图书馆为中心，围绕图书馆馆舍展开的。图书馆的指导思想是尽可能把藏书收全，服务设施齐全，营造比较舒适的环境。传统高职院校图书馆主要服务方式是：馆内阅览、书刊外借、文献复制、参考咨询等。传统图书馆满足于书刊的借还与取归的守摊子式的服务。由于机制、经费、人员、设备的限制，服务工作有许多局限性，同时也束缚了服务人员的思想，使他们缺乏主动服务的精神。因此，传统图书馆是一种机械的馆藏信息查询与借阅方式。

第三，服务方式的原始性和单一性。传统的高职院校图书馆，因服务对象是学校的师生员工，所以大部分高职院校规定学生不能进入书库借阅书籍。学生到图书馆借阅图书时，首先是要到目录厅中的卡片柜里查阅自己想要的书籍。最常见的是根据图书书目查询，或者是根据该书的作者来查询。其查询方式有按音序查询和笔画查询及分类查询几种方式。其次，学生在冗长的卡片中查到该书后，还要填借书单，如图书分类号、作者（排架）号、书名和作者等内容，而后交给图书管理员，后者进入书库查找该书。如管理人员告知没有此书时，还得再一次重复以上程序，或重新查询类似的书籍，然后再由管理人员进库查找。读者要借阅一本书籍，往往得花上很长的时间。因此，读者在还书时，管理员得先按系、年级、班查找，然后按学生的学号对上号，最后取出其图书的借书卡片，这样才能完成读者的借阅程序，其工作效率极其低下。

第四，服务层次的低水平性。传统图书馆以收藏、加工、保存图书、期刊、资料等以纸张为载体的文献信息为主；是向读者提供原始文献，其文献流通方式是一本图书、一种期刊、一份报纸；还有为读者提供馆藏专题文献，而馆藏文献又是以一次文献和二次文献的信息单元为主，因而对文献信息的深加工做得很少。总之，图书馆里的一切工作都是围绕文献展开。

第五，服务管理的劳动密集性。图书馆工作人员对文献的加工，主要是对整体文献用手工加工和处理，也可称为"粗加工"。工作人员对书刊的采访、编目、加工、入库、管理、流通等，主要是简单的重复性劳动。在高职院校传统图书馆里，其流通服务模式多为闭架式，即学生不得进入书库里借书。因此，一个图书馆得分文学书库、社科书库、理科书库等众多出纳口，每个出纳口一般设有二至三人，这样仅书库出纳口的工作人员就多达十几人，其工作繁琐，劳动强度也较大，而现代化的数字图书馆只设一个出纳口就可以了。从图书馆整体工作来看，传统图书馆无不体现出劳动密集型的管理手段。

三、现代高职院校图书馆的基本职能及其特点

（一）现代高职院校图书馆的职能转化条件分析

1.科学技术的发展及其对图书馆发展的影响

随着科学技术的普及，电子计算机及多种新技术被引进图书馆，

这给图书馆情报工作带来了深刻变革，极大改变了传统管理形式的重藏而轻用、重管理而轻服务模式，顺应了现代图书馆发展的需要。现代技术的发展解决了文献信息的存贮问题，胶片、光盘、硬盘等存贮介质的出现，使得文献信息理论上可以无数次地被复制、使用，并且可以无限期地保存下去。藏以致用、服务为本是图书馆的第一属性，服务是图书馆业务工作的出发点和归宿，没有服务，图书馆也就失去了存在的必要性。图书馆服务属性就是为高职院校教学和科研服务，因此对传统图书馆组织进行变革是高职院校发展服务的需求。

2. 高等教育的迅速发展对高职院校图书馆的影响

近年来，随着高职院校学科向专门化和综合化发展，使得研究课题、研究方法向多学科、跨专业方向渗透，使读者对信息的需求由新、全向精、准方向发展，这一变化也直接促使图书馆职能由传统型向现代型转变。

"十五"期间，按照"共建、调整、合作、合并"的方针，我国进行了深入的高职院校布局调整，优化了资源配置，中国高等教育得到长足的发展，取得了显著的成绩。高等职业技术教育也迎来了前所未有的发展机遇，截至2005年底，全国共有各类高职高专院校1078所，在校生600余万人。学校规模快速扩大，专业设置市场化，学校教学与企业接轨，实行"产、学、研"一体化方针。这些变化要求高职院校图书馆要及时改变管理模式、调整工作重心、更新服务手段、充分发挥职能作用，以全方位满足迅速增长的读者和高职院校人才培养的需求。具体而言，图书馆要做到：一是馆藏规模与教学规模相适应，能满足教学、科研、生产的需要，并体现一定的前瞻性；二是文献的收藏做到兼容并蓄，丰富多样，侧重职业技术、特色技能，并重基础知识、基础理论，同时注意有关高新技术、新学科文献的收藏；三是适应图书载体的变化，注重藏书多元化和特色馆藏建设，既要扩大传统印刷型纸质文献的收藏，也要重视电子文献收藏，既要在最大范围内享用网上文献信息资源，也要尽可能地使馆藏文献资源网络化，加强网上信息资源的建设，逐步形成系统的、相对完整的具有高职特色的馆藏文献资源。

3. 现代高职院校图书馆服务实践的创新

为适应高等学校的迅速发展，高职院校图书馆服务也在不断创新，出现了以下趋势：

（1）服务系统的开放性。数字图书馆开始突破围墙，跳出以学校为中心的固定场所，主动接触社会，摆脱了传统文献处理的限制，在信息的采集、编目、加工、组织、服务方面，均面向网络环境，如联合编目、网上采购、网上检索和网上查询等，以因特网和局域网方式组织、控制、选择、传播信息，并建立了辐射型的开放服务系统。

（2）服务主体的主动。面对社会的信息需求，图书馆的服务已经开始走出图书馆，面向社会、面向需求，还叫上门服务。在做好阵地服务的同时，工作人员主动与用户联系，了解需求，采用新的服务方式，主动为读者服务；主动与其他学校和企业联系，了解信息需求，编辑专题剪报，提供信息服务。

（3）服务方式的多样性。数字型图书馆是以用户为中心，读者需要什么就提供什么，摆脱传统的服务方式，摒弃了单个、重复、被动、琐碎的手工服务；把服务模式从"单纯服务型"转变为"多样服务型"，走出校园围墙，把服务推向社会，面向市场，开展了有偿信息的服务，如联机检索、光盘检索、联机目录查询、网上专题信息服务等，读者足不出户就可享受网上借阅和网上阅读等服务，真正做到资源共享；把高职院校图书馆从文献资料的收藏者和提供者，转变为信息产品的生产者、开发者和提供者。

（4）服务管理的智能性。现代图书馆的服务属于知识密集型的劳动。它一改过去传统的劳动密集型的服务模式，服务工作从借借还还的简单服务，转移到多层次的信息咨询服务。目前，有更多的工作人员从事信息的组织，直接参与市场，使图书馆成为信息技术的中介，也由此产生了新型的图书馆信息服务人员。新型信息服务人员已经从简单的劳动转向智力型劳动，工作人员可在网上向读者提供各种类型的文献信息，为各种专业层次的读者提供专题信息，成为网络导航员。高职院校图书馆服务的这些创新超越了其传统职能，并促使其功能向现代职能转换。

（二）现代高职院校图书馆的基本职能

1.教育职能

教育职能是指利用馆藏资源优势和教育环境，采用特定的教育服务手段对读者实施教育的过程。高职院校图书馆的教育职能表现为直接教育和间接教育两个方面。

所谓高职院校图书馆的直接教育职能，是指图书馆组织利用文献信息资源直接参与教学活动，而满足教学需求所采取的服务措施。一是图书馆专门建立教学参考书数据库放到网上供读者查询，如福建高职图书馆，学生可以从授课教师、课程代码、课程名称等多个途径查到学习所需的分散收藏在多个书库的教学参考书，通过网络服务平台，可以很方便地阅读和下载与课程学习有关的参考资料。电子教学参考服务系统的资源来自多个方面，如来自图书、期刊论文、免费的资料、统计数据、学位论文、研究报告、视频剪辑等。教学参考书信息库的主要内容包括课程、授课教师、授课大纲、进度、要求、指定的教学参考书等信息。电子教学参考服务，有效地解决了长期困扰图书馆的教学参考书复本需求量大的问题；通过网络上传、浏览、下载，使学习可以不受时间和地域的限制，极大地方便了学生的学习；教学资料的多媒体化，可以有效地激发学生的学习兴趣，丰富学生的学习内容，加深学生对知识内容的理解。二是图书馆充分挖掘自身潜力，调动学有专长的人员直接参与教学，在全校范围内开设计算机文献检索课（也称信息素养教育，该课程目前在很多高职已成为学生的正式课程），为读者充分利用图书馆进行更有效的培训，从而强化了图书馆的教育职能。图书馆从间接服务于教学转变为直接参与教学，和教学部门一起承担起培养专门人才的重任，从而培养读者的信息素养能力。

信息素养是指人们认识信息源并检索、评价和使用信息的综合能力。网络环境下，它已经成为劳动者终身学习及生存发展的必备技能。信息素养教育成为全社会关注的热点，这也为高职院校图书馆的教学支持角色赋予了新的内涵。"授人以鱼，不如授人以渔"，图书馆当然要为高职院校师生提供各种文献信息服务，但更要为全校师生信息素养的提高担负起责任，使他们成为具有自我服务能力的"信息素养人"。高职院校图书馆正从辅助教学的"配角"向直接参与教学的"主角"转化，信息素养教育已成为高职院校图书馆教学支持服务的有力手段。高职院校图书馆信息素养教育通常采取以下三种教学方式：①独立的信息素养教育（stand-alone courses or classes）；②与学科课程相整合的信息素养教育（courseintegrated instruction）；③信息素养网络教学（online tutorials）。

　　目前，美国、澳大利亚、英国等国家高职院校图书馆已经走在信息素养教育的前列，许多高职院校不仅把信息素养教育纳入正式的教学，还积极与教师探索基于学科专业课程的信息素养教育模式。如加州高职圣保罗分校把信息素教育课程纳入了教学大纲，使之成为公共基础课。图书馆还为每类公共基础课程的信息素养教育制定了详细的培养规格、目标、课程设置及教学计划等。在基本技能课程中主要讲授图书馆的使用方法等；在数理、人文、社会科学课程中主要讲授相关学科的基本信息源和利用及如何开展研究工作等；在终身教育课程中主要讲授电子图书馆的有关知识。许多图书馆还专门开发了信息素养教育网络课件，如美国得克萨斯高职奥斯汀分校图书馆的TILT、艾奥瓦州立高职图书馆的Library Explorer、澳大利亚昆士兰图书馆的Conpass等，为学生、教师建立了真实的学习环境。在我国，许多高职院校已开设文献信息检索、计算机检索、网络信息利用等课程和各类用户培训，培养学生的信息获取能力。信息素养教育的内涵正在突破传统的文献检索教育的旧体系，已有部分高职院校开设信息传播、信息利用与知识产权保护等课程。信息素养教育的方式也开始多样化，如广东韶关学院图书馆，除将文献检索课纳入全校必修课之外，还建设有"学生信息素养专题学习网站"（http：//lib.sgu.edu.cn：961/default.asp），定期编辑报刊"学生信息素养"，加强学生信息素养教育。所谓高职院校图书馆的间接教育职能，就是图书馆利用其资源、馆舍等条件对读者进行的教育活动。图书馆的间接教育活动是随时随地在管理和服务工作中潜移默化地进行的，如图书宣传活动、新书通报、图书推荐与点评等等。间接教育还包括阅读环境、馆员素质、馆员服务手段与服务措施。一个环境幽雅、馆藏资源丰富、馆员素质高的图书馆对读者的教育和影响是非常重要的。高职院校图书馆在育人中所起的作用更是不可替代的。在国外很早就有"图书馆具有教师职能"的说法，图书馆所收藏有丰富知识的文献资料形成了一个无所不包的庞大知识体系，它本身"就是一支博大精深的师资队伍"。图书馆可以说是一所各科知识俱全的社会高职。马克思把伦敦图书馆阅览室的地板磨出了"脚印"，没有图书馆，就不会有他的《资本论》；爱迪生没有接受过专门教育，全靠在图书馆学习而成为伟大的发明家；列宁认为图书馆是主要的和几乎是唯一的长期对群众进行教育的机构。所以，图书馆的间接教育功能在不断地进行着和发挥着巨大的作用。

就高职院校来说，其定位是为国家培养数以千万计高素质的劳动者。面对国家的发展战略格局，高职越来越清楚地认识到培养和造就具有一定劳动技能和水平的应用型劳动者的重要，越来越意识到在工业化、城镇化、农业现代化过程中，应用型技术劳动者越来越起着巨大的基础性作用。从某种意义上讲，没有数以千万计的具有一定劳动技能和水平的应用型技术劳动者，就达不到国家发展应有的目标。职业教育的发展带动着地方经济的发展。人才需求与供给的矛盾，正在成为制约发展速度和效率的主要矛盾。人才的培养体制和机制，正在成为制约人的素质提高的主要矛盾。正是这些具有各种特色、代表着各种行业的职业技术学院培养的千千万万个职业技术能手在为国家的经济建设服务发挥着巨大的作用。

2. 情报信息职能

情报信息职能是指利用馆藏文献信息资源，以满足读者科研信息需求为目的，利用特定的服务手段直接参与为读者提供服务的过程。高职院校图书馆发挥情报信息职能培养学生的信息素养已成为教育的重要课题。美国图书馆联合会认为：为了适应日益变化的环境，人们不仅需要多种知识，更需要掌握探究知识的技能，并能把不同的知识融会贯通，实际运用。教学必须以"信息素养"作为新的立足点。培养学生的信息素养，包括知道何时需要信息；确定解决特定问题需要什么样的信息；找到所需要的信息；评价信息；组织信息、运用信息有效地解决问题。馆员充当着信息的"过滤器"，即帮助学生区分有意义的信息和无意义的信息。学校已不再过分强调事实和信息的灌输，而是致力于培养学生的思维能力，通过指导学生过滤信息、分析数据，达到帮助他们掌握概念或综合信息增长知识的目的。在这些方面，高职院校图书馆员比教师更具优势。在图书馆员参与教学活动过程中，伦诺克斯（Lenox）强调指出："图书馆员最主要的是要设计一门课程和教学法，以帮助学生利用他们的知识。"美国佛罗里达国际高职开展信息素养教育的第一步就是从图书馆开始的。该高职图书馆开设了"图书馆证书课程"，这个课程是"新生素质教育项目"的一部分，所有科系的学生都必须参加。"图书馆证书课程"分两个学习阶段，都安排在第一学年，由各科系指导教师组织学生去图书馆学习。第一个学习班的主题是"信息时代的批判性思维"，向学生介绍"图书馆利用信息系统"，并在学习结束时进行一次图书馆利用信息系统能力测试。第二个学习班的主题是"研究策略"，一般安排在学生确定其专业研究报告的主题以后进行，其中主要包括学生主动学习的"研究策略进展表"等。

目前，除以上两个班的"图书馆证书课程"以外，该高职图书馆正在计划开办以"多媒体基础"为主要内容的第三个学习班。为了使每个学生尽快有效地掌握信息技能，图书馆对所拥有的每一项信息资源都做了标注，指明利用该资源所必备的信息技能，以及该资源对培养学生信息素质的益处，使学生在利用信息资源的过程中有意识地、有目的地提高自己的信息素养。

3. 科研服务职能

科研服务职能是指利用馆藏文献资料，采用特定的服务手段为读者的科研工作提供信息服务的过程。随着计算机的普及和网络信息化的不断发展，为高职院校科研服务已成为图书馆的基本职能之一。图书馆充分发挥资源优势为科研服务具体表现在：其一，图书馆为学科建设服务。学科建设是高职院校建设的核心。学科建设直接影响到学校的整体水平和教学、科研的能力，因此也就成为图书馆工作的重点。其二，图书馆为培养学生服务。培养人才是高职院校工作的中心，为学生素质教育提供优良服务，是高职图书馆服务职能的重要体现。其三，图书馆为生产科研项目和其他学科课题服务。在高职院校，传统的图书馆为中心的学术交流已转变为以用户为中心的学术交流，图书馆只是整个学术交流体系中的一个部分，且用户对图书馆的依赖在减弱，特别是高端用户对图书馆的需求日益萎缩，他们更多地依赖于网络；加上出版商、二次文献服务商的介入，造成图书馆传统的分类、编目业务流失，使得传统业务的发展不再是图书馆的工作重点。因此，图书馆要必须适应这种变化，要从关注信息保障率转到关注信息竞争力、知识生产力，从面向文献信息的生命周期转到面向科研的生命周期；整个工作流程也要发生相应的变化和转移，馆员提供信息服务不再是主要围绕资源来展开，不再被物理的建筑、物理馆藏所束缚，馆员要工作在读者、系统、资源的结合处，要做到研究人员在哪里，图书馆的服务就到哪里，要创造、组织、服务，为科研创新提供必要条件。

4. 社会服务职能

社会服务职能是指高职院校图书馆打破原有的读者群，利用馆藏文献信息资源，广泛地为社会各阶层人士提供多样化服务的过程。

社会化服务是高职院校图书馆服务的发展趋势之一。在西方国家，高职院校图书馆服务对象在校内外已经无明显区别，高职院校图书馆亦注重向社会开放，不管是本社区、本州乃至全国。任何人，上至年长老人，下至几岁儿童，都可以到高职院校图书馆借阅各种文献资料，且都会像本校读者一样，受到图书馆的欢迎，得到馆员热情周到的服务，使文献资源与馆舍得到充分利用。读者办理借书证十分简便，一般只要有一个说明身份的资料，就可以领取借书证，一证在手多馆使用，公共图书馆如此，高职图书馆系统亦如此。随着国家"科教兴国"战略方针的提出，教育的投资越来越大，各图书馆存贮的信息资源也日渐丰富，如果创造条件直接为社会上的科研和企业服务，不仅能大幅度地提高信息和资源的利用率，将知识资源迅速转化为生产力，而且对提高图书馆的地位和作用、使图书馆熟悉社会需求，以及适当增加创收等都十分有利。高职院校图书馆的社会化服务同时也可缓解公共图书馆因经费紧张而造成的信息短缺现象，特别是对偏远地区、县、乡的图书馆（室）。一位资深的省级图书馆馆长这样叹息：公民有纳税义务，同时也应享有纳税人应享有的权利——平等的教育权。高职院校的投资是国家教育投入，教育投资来源于公民的税收。所以，高职图书馆亦应该为公民服务。目前，湖南省有普通高等学校30所，高职高专院校67所，这些高职院校分布在湖南省各个地区。充分发挥高职院校图书馆的社会服务职能，可以促进地方经济社会的发展。

第三章

"2035 年远景目标" 相匹配职业技术院校
图书馆人才队伍建设

第一节　"2035年远景目标"对职业技术院校图书馆的挑战

一、面向图书馆未来2035

　　未来图书馆会有什么样的变化呢？这需要考虑文献信息的变化、阅读的变化、读者的变化、图书馆利益相关者的变化以及过去的5—10年发生了什么变化。以过去的5年为例，我国网民总数在2015年的统计量是6.68亿，到2020年3月份，网民规模已达到9.04亿，而其中72.4%的网民收入不到5000元，且初中、高中、中专学历的网民所占比重相当高①。这说明广大老百姓已成为互联网用户主体，也是使用图书馆主体，这是一个很重要的分析信号。图书馆要预见未来的5年、10年、15年、20年将发生怎样改变，取决于技术对图书馆的影响程度。

---

① 中国报告网．2020年3月中国网民规模达9.04亿[EB/OL]．[2020-08-02]．http：//free．chinabaogao．com/it/202004/042949110002020．html．

自1994年互联网问世以来，信息技术对图书馆产生两大影响。一是2004年Web2.0之前发生的一件事，数字和网络技术对图书馆产生深远影响，突出体现在数字图书馆系列项目的启动；1998年国家数字图书馆项目和我国教育部直属大学CALIS项目启动；2000年中国科学系统NTL库项目启动；2002年国家文化信息资源共享项目启动；2003年全国高校CADAL项目启动。由此可见，大规模数字图书馆建设起步于21世纪初是数字化环境影响和技术推动的结果。二是从2013年的大数据第一年到2016年、2019年的人工智能第一年和5G商业年，新技术推动图书馆进入智慧时代，凸显智能技术应用，如2017年南京大学图书馆、2018年上海图书馆机器人上岗，2018年清华大学图书馆智能图书小车上岗。这些都表明科技对图书馆深远影响在未来5到15年内将会更大。这是"十四五"规划中需要全面评估的因素。

接下来5到15年会发生什么？2025年，也就是"十四五"末期，空间的场景会达到基础的智能化，到2030年会达到高度的智能化，到2035年会达到真正的智慧化。在未来的5年，图书馆的服务将实现线上与线下紧密结合，这是毫无疑问的。服务的场景到了2030年、2035年也会发生比较大的改变。用户场景，即未来5到15年，05后和15后将陆续进入大学，而管理场景也都会发生重要改变。因此，"十四五"规划考虑，一定要有一个场景概念。

未来是可以预测还是不可预测的？目前存在两种观点。一种认为未来是不可预测，因为变化太快，变化太多，我们无法预知。另一种认为未来是可以预测，只要做好科学研究，精心谋划，未来即可预见。其实这两种观点都有其自身价值。未来由于变化加快会有多个前进轨迹，实际上是非线性的、非单途径的发展趋势，可能呈网络状向前推进，因此可以说未来是不可测，但通过场景研究使未来变得可以预知。做"十四五"规划首先要做环境扫描，需要进行立体思维，全面把握内外环境变化，应对新机遇和挑战。

二、职业技术院校图书馆的挑战

规划不是为转变而规划。职业技术院校图书馆的变化首先要经过变革，如果没有更改，数据库将无法完成转换，但规划风险和成本必须考虑在内。制定"十四五"规划时，每个图书馆都应该考虑什么样的变更，会带来什么样风险。图书馆界其实一直都在寻求变革，变革有可能是颠覆性的、破坏性的，当然也有可能是渐进性的。比如一些条件比较好的图书馆，可能会采取大幅度变革，而另一些图书馆会采取一种渐进式变革。相对来说，渐进式变革保险系数会大一些，或者更保守一些。实际上所有变革都对图书馆管理者，即馆长和中层干部带来一定困难。但是变革不是根本目的，根本目的是转型。做"十四五"规划的目的也是为了转型，所以未来的转型势在必行。转型是图书馆界最近5到10年重要议题之一。

近年来，公共图书馆开始着手准备转型工作，网红图书馆"赫尔辛基图书馆"新馆，即转型开始。图书馆设有厨房，以及更多交流空间，颠覆传统图书馆服务模式。公共图书馆被转型开始，倒逼其他图书馆也开始转型。职业技术院校图书馆转型，主要有三种可能性：其一，和学校同步转型，那就是等学校转型，图书馆再转型。因为现在高等教育也在转型，每个大学也在转型，现在实际上整个社会都在转型；其二，要素转型，囿于多种条件限制，无法做大改变，只在某些要素上做部分变革；其三，整体转型，例如有些双一流高职图书馆技术比较好，改革意识非常强，可以采取主动积极自我转型方法。同样，其他图书馆也会有多种转型可能性，所以转型并不是一件简单的事情。

三、职业技术院校图书馆的转型顶层规划思考

战略是规划灵魂。如果没有战略，规划就没有灵魂。因此，职业技术院校图书馆在制定未来规划时必须要考虑战略问题。在"十三五"的规划中，有的图书馆提出人才战略，人才战略是图书馆的第一战略吗？是最重要的战略吗？它真的能够影响整个图书馆的未来吗？这都是需要思考的问题。图书馆要考虑战略如何驱动未来发展，未来发展是一个高质量发展时代，这是毋庸置疑。国家图书馆饶权馆长在国家图书馆成立100周年时，言及高质量时代具备哪些因素：数字文明、开放共享和美好生活时代[1]。所以在高质量发展时代，公共图书馆、职业技术院校图书馆要充分思考自身专业类型，以及要以怎样高质量状态来迎接未来。

此外，"十四五"规划还应考虑如何将国家战略、区域战略和产业战略对接起来。传统的方法就是用SWOT组合，SWOT的方法实际上就是做战略环境分析，其目的是要有战略4种组合。条件比较好的、优秀

---

[1] 饶权.中国图书馆事业的历史经验与转型发展[J].中国图书馆学报，2019（5）：15-26.

的高职图书馆，将来可以采取SO战略。比如说上海高职图书馆，像复旦大学、上海交通大学、同济大学等，它们外部机会非常好，内部优势也非常强大，可以考虑发展增长型战略。在我国一些落后地区，基础比较差的高职高专，还有一些小型图书馆，内部有很多劣势，可能采两种战略：一种是采取WO的战略，利用外部的机会；另一种采取紧缩型的战略——WT战略，特别是在经费紧张情况下，业务需要集中化，节约经费、节约成本，紧缩型战略是最佳选择。中型图书馆可能会采取ST战略。所以每一个图书馆要结合自身实际情况来做自己战略组合。

除此之外，从图书馆行业角度，还有三种重要的组合。

技术和服务一体化，有可能成为"十四五"规划的大方向或者说战略主题。对于职业技术院校图书馆来说，在未来5年、10年或者15年里，技术和服务会融会在一起。过去，技术和服务是分离的，但是今天已经出现技术服务化、服务技术化、技术和服务一体化新格局。在这样一个新格局里，最重要的是丰富用户体验。在"十四五"规划中，职业技术院校图书馆做的所有规划任务、规划行动，都要把用户体验放在首位。从美国2013年到2023年议会图书馆数字战略计划来看，用户体验已经成为全球未来一大主题。因为每一个图书馆，所有服务如何用技术来支持用户体验，没有技术，用户体验是不可能实现的，所以职业技术院校图书馆要考虑丰富用户体验。

空间要素和资源要素组合，在未来将会有一个很大改变。许多人不理解职业技术院校图书馆空间跟资源如何才能融合在一起。图书馆空间和资源原来是分离的，今后要着力打造智能化空间，是符合智慧化资源的，所以将来资源会发生改变，空间也会发生改变，两者之间密切结合，即空间和资源一体化。目前职业技术院校校园的空间和教学资源是分离的，教室里没有教学资源，空间里只有多媒体和桌椅板凳，而教学资源是教师带进去。未来高校正在打造的智慧教室，其墙壁上的屏幕就储存着教学资源。资源就在空间里，空间里就有资源，图书馆的资源会出现一个空间资源化的现象。

　　改变是新的要素，一是人才要素，在未来人才固然非常重要，但针对"十四五"规划而言，更重要的是团队。每一个图书馆馆员，能不能形成一个有战斗力、有凝聚力，能够支持未来，改变团队才是最关键的。所以在"十四五"期间，打造什么样团队，要有什么样文化，都是职业技术院校图书馆人应该考虑的问题。团队和文化紧密地联系一起，也就实现了图书馆的团队要素和文化要素一体化。美国国会图书馆2013年到2023年数字规划，特别强调要培养创新的文化。图书馆界一直重视培养创新文化，但是创新文化也是目前最缺少的文化。职业技术院校图书馆馆员最需要是赋能。公共图书馆、高职图书馆馆员压力非常大，有部分馆员会有职业倦怠表现。未来变化会越来越大，压力会越来越大，馆员如何承受重压力？每一个图书馆都需要考虑，未来的5到10年有没有好的赋能计划。如此一来，图书馆需要培育创新文化，在创新中带来新价值。通过创新来改变传统，为图书馆变革和转型做一些工作。建议在未来赋能馆员培训中增加创新文化培训。每个图书馆在"十四五"规划中，都要重点考虑如何打造团队，如何赋能馆员，如何赋能成为精干战斗队。

　　上述三个组合是新的方向，并不要求所有的图书馆都去做，要结合实际才行。

四、理论研究到实务规划调整

具体来说，首先是研究思维，规划必须包括研究思维、创造性思维和前瞻思维。每个职业技术院校图书馆均应设有一个规划团队，就是具体编制小组，编制小组的成员数量视图书馆的规模大小，以5-10个人为宜。如果5人组里，4个组员意见不一致出现二比二平，组长就要做关键决策。加上核心骨干成员，组成15-20人规划团队，来共同探讨职业技术院校图书馆未来发展方向。此外，职业技术院校图书馆还需要有创新设计，具体到事业怎么创新，业务流程怎么创新，考虑因素涉及资源的保障、业务建设、学术研究、制度等。换句话说，创新思维、能力和设计贯穿规划的全过程。

其次，创意选择需要精准布局。面向未来有各种可能性，职业技术院校图书馆要进入到新领域，有诸多可以发展的主题和开展的业务。例如，图书馆要不要保存网络信息？由于"十二五""十三五"都忽视网络信息保存，导致大量网络信息被丢失掉。现在大量网页、大量网站每天都在消失，"十四五"规划要不要做网络信息的保存？目前国家图书馆已经启动网站保存计划，以保存国家重要网站。其他如政府网站保存、企业网站保存、大量网络公开信息保存，成为我们重要任务。职业技术院校图书馆也面临同样网络信息保存问题。图书馆可以开拓战略研究子课题——环境研究，专门研究未来图书馆战略定位、高校变化、文理融合等。例如文理融合在"十四五"期间会有怎样的变化？这些研究直接指向图书馆使命愿景要不要改变，然后在此基础上做规划的编制。一般而言，规划编制分为4级，分别是：战略主题、战略目标、战略任务、战略行动。

第二节 "2035年远景目标"与职业院校图书馆建设设想

一、职业技术院校图书馆资源建设共建共享联盟推展

图书馆联盟是以图书馆之间资源共享、互惠互利为宗旨而组织，以各类图书馆为主体，结合相关信息资源体系，通过合作协议和一个或多个合作功能建立统一的技术标准和工作程序。建立高职图书馆联盟组织，通过合作实现资源共享馆际互借对提高高职图书馆服务质量具有重要意义，更好地满足读者需求和教学科研的发展，促进我国高等教育的蓬勃发展，特别是对起步晚、资源少的高职院校图书馆，发展图书馆联盟是必然趋势。

（一）构建职业技术院校图书馆知识联盟的必要性

第一，资源共享必要性。近年来，随着我国职业技术教育迅速发展，图书馆成为我国职业技术院校的重要组成部分。为满足正常通过校级评估所需数量书籍，图书馆在购书方面投入大量资金。在这种情况下，各图书馆馆藏越来越丰富，但也出现馆藏资源重组、书刊利用率下降、书刊价格高涨等问题。大专院校图书馆一般有资金限制。互联网飞速发展带来大量网络信息资源。图书馆不能以其自身力量提供全方面保证，由此走合作共享之路成为了一种合理的选择。

第二，满足读者对文献信息需求。中国职业技术院校是一种具有专业特色、地域特色和实践特色新型技术院校，主要任务是培养专业能力强、面向市场、全方位发展的高水平技术人才。图书馆不能满足人才培养和各领域开发的需求扩大，不能满足读者对文献和信息的需求。过去，图书馆信息资源建设的重点是"普"，但这种"普"随着读者需求变化已不能满足读者需求。因此，有必要建立图书馆联盟，实施建设项目，提供资源共享和服务，以满足读者需求。加入图书馆联盟已成为高职院校图书馆最现实、最迫切选择。

第三，提高职业技术院校图书馆综合效益需要。图书馆联盟提高经济和社会效益优势，主要通过增强图书馆话语权、提高信息资源利用率和优化工作效率与质量来实现。面对"强买强卖"信息产业，图书馆联盟为保障自身利益和地位，有力量说"不"，从而赢得"话语权"。这不仅表现在集团购买中可以依靠联盟实力讨价还价，有效降低单位信息购置成本，而且像国际图书馆联盟那种特大型联盟还可以制定出版销售图书标准和行为约束条件，让出版商和销售商一体遵行。

第四，提升职业技术院校图书馆工作效率和质量需要。图书馆联盟不仅使职业技术院校图书馆能够获得更多可用资源，还可以提高职业技术院校图书馆工作效率，优化信息服务能力。在联盟中，每个成员馆都是重要节点，可以有效得到其他节点上图书馆支援，其产生效益将大大超过单个图书馆作用。通过一定协助支持，图书馆联盟可实现项目系统规划和协调管理，有利于图书馆科学合理使用经费，避免重复建设和资金浪费，增强图书馆服务集成化程度，使成员馆服务从以文献处理为中心逐渐过渡到以读者服务为中心，实现低成本高效能发展。以网络为依托可用实现多种媒体的文献传递，使文献效益得到最大限度发挥，增强高职图书馆文献信息服务能力和综合实力。

（二）构建职业技术院校图书馆联盟存在的问题

第一，管理体制障碍。各职业技术院校办学主体有很大不同，有省办、市办、民办、部门办、部门与企业合办。这使得图书馆分别隶属不同管理部门，各图书馆分别履行管理部门规定职能。

第二，高职院校图书馆之间交流与合作有限。长期以来高职院校图书馆都是自成体系，馆与馆之间交流很少，更谈不上合作。职业技术院校图书馆很多时候都是向大型高校馆学习和看齐，照搬大馆经验与模式，很少思考本身职业教育特性。馆与馆之间由于前期没有交流与合作，导致相互之间缺乏了解，一旦要开始合作，就需要一个较长磨合过程，这势必影响联盟工作顺利开展。

第三，发展不平衡。近年来，职业技术院校图书馆发展迅速，读者近万人，图书馆不到2000个，小型和手册式图书馆100多万册，图书室不到10万个，信息服务深入，借阅服务简单，很难通过联盟以不同速度组织这些图书馆。

第四，水平有待提高。职业技术院校图书馆大多是由中专图书馆发展而来，总体发展还处于初级阶段，存在着自动化水平不高、信息资源保障不完善、资源建设标准化水平低、服务功能单一、管理水平落后、人员素质不高等问题。很多高职院校图书馆只提供一些简单服务。因此，图书馆要推动基础设施建设，完善网络、资源共享、数据规范化和人员高素质等方面的管理工作，而这些管理工作也是高职院校图书馆需要改进地方。

（三）构建职业技术院校图书馆知识联盟的基本构想

第一，联合编目与联合目录。要想把联盟成员原有资源进行有效共享，就必须知道联盟中都有哪些资源，因此联盟首要任务是开展联合编目和共建联合目录。成员馆利用网络进行联机编目，提高编目工作的效率和书目数据的质量，实现书目资源的共享。通过联合目录，用户可以从职业技术院校图书馆联盟的任何一个成员馆所设终端出发，查找某一文献网内是否入藏，藏于何馆，从而得到详尽的文献线索。

第二，文献资源的协调建设。通过联合编目，了解成员馆馆藏情况和馆藏特色。根据各职业技术院校图书馆的实际需要，分工分配文献资源，协调采购政策，合理使用经费，合理分配文献。

第三，馆际互借与文献传递。职业技术院校图书馆联盟通过建立快捷、高效的文献传递系统，制定一系列业务规范，建立合理化的权益机制，充分调动各成员馆的积极性。职业技术院校图书馆联盟文献传递、馆际互借系统不仅要包括各种原始文献物流传递方式，如邮寄和馆际互借快递服务等，还应包括提供电子形式文献传递方式，如传真、电子邮件和FTP等。

第四，建设具有区域特色数据库体系。书目信息资源共享网络必须有强大数据库支持，包括书目数据库、二三级书目数据库和全文数据库，特别是根据各图书馆信息资源优势，建立有特色书目数据库。职业技术院校图书馆联盟还应建立独具地方特色专题文献库，进一步丰富语言信息资源，为打造高职院校图书馆联盟品牌奠定坚实基础。

第五，联盟内技术支持与人力资源培训。现代职业技术院校图书馆联盟是以信息技术为基础联盟，其中成员图书馆将共享技术人员和图书馆专家，以便图书馆获得技术支持或与相关技术专家联盟。通过联盟组织UIISu商业指南，读者可以分享教育培训计划和教材，加强馆员之间业务联系和沟通，培养更多人才，共同开发新项目。

（四）构建职业技术院校图书馆知识联盟的策略

一是政府和高校领导要高度重视，积极参与。虽然职业技术院校图书馆联盟原则是自愿性，但国内外实践证明，成功联盟往往需要政府支持。在我国现行行政管理体制中，政府领导高度重视该组织，领导图书馆联盟加强联合合作。在图书馆联盟建设中，其组织行为必须转化为高级管理机构决策力和行动力，并邀请省级教育部门和学校负责图书馆工作有关领导加入联盟董事会。

二是积极筹措各类资金，确保联盟稳定发展。虽然联盟成立可以实现资源共享，避免重复建设造成浪费，但联盟需要在早期阶段进行更多资本投资。联盟运营和维护也需要一定数量资金。没有持续稳定投入，职业技术院校图书馆联盟就无法长期生存。因此，职业技术院校图书馆应以图书馆联盟名义，积极寻求主管单位、政府财政、企业和机构、社会组织和公众的支持。比如，图书馆可以充分发挥省高职教育图书馆管理研究所作用，从省教育厅获得一些资金，或争取学院投资。此外，许多行业高等职业学院密切相关，并可通过图书馆优势资源为企业提供信息服务，并从企业获得一定资金。总之，高职院校图书馆应走政府与高职院校相结合道路，共同贡献、共同建设，实现谁贡献、谁受益，责权利相统一，从而寻求共同生存和发展。

三是建立组织机构和规章制度。职业技术院校图书馆联盟建设不是完全统一固定模式，但根据国内外联盟经验来看，有必要建立专门组织和招聘专职人员。组织应负责成员图书馆文献资源共建共享，制定一系列操作规范，并给予必要资金支持。同时，各职业技术院校图书馆还应设置相应机构和专职人员，负责各图书馆内部共建共享的具体实施。每个成员图书馆都可以根据学校办学方向和专业特点，制定文献资源建设规划，确定自己馆藏重点和特色。职业技术院校图书馆有必要制定可行的联盟规则和条例，联盟章程和各种合作原则，明确各成员图书馆权利和义务。

四是加快数字服务步伐。构建数字职业技术院校图书馆，实现图书馆现代化。院校应开放图书馆网络和互联网，为图书馆借阅和跨库检索创造更好技术环境。联盟成员图书馆建立收集目录数据库，通过网页向读者提供各种物理收藏书目信息。此外，职业技术院校还可以实现原始拷贝和通过局域网在线文献传输，为图书馆联盟提供技术支持。

　　五是加强队伍建设，提高图书馆员素质。一个活跃而高效图书馆联盟离不开高素质图书馆员，因为所有由图书馆联盟执行项目最终都是由人来执行。因此，图书馆联盟应确保人员培训，定期或不定期组织交流、谈判活动，进行版权、许可证审查和其他知识和技能培训，分享联盟在管理和图书馆业务方面知识成果，以确保良好资源整合和传输。

二、职业技术院校图书馆资源共建共享机制建构

（一）影响信息资源共建共享建设因素

　　1. 共建共享意识缺乏。传统图书馆发展理念影响共享理念的实施，存在严重的本位主义思想，缺乏全局观念、协同意识，缺少实际行动，甚至存在"搭便车"心理，坐享资源共享的成果，而任何一个资源共建共享系统都是以成员共同建设为基础，否则必然会导致失去成员参与动力，合作机制也将趋于形同虚设。

　　2. 信息资源建设的规范化和标准化缺乏。信息资源建设标准化和规范化是实现信息资源共享的前提条件和基本保障。其规范化和标准化未能得到充分认同和重视，给信息资源开发和利用带来很多弊端和障碍。信息资源建设标准不一，就谈不上共享，也就谈不上共享服务效果和共享目标实现。

　　3. 传统管理体制制约共建共享发展空间。管理体制是信息资源共建共享关键因素，起着统筹规划、全面协调作用。管理体制滞后制约共建共享进一步发展。我国现有图书馆管理体制还沿袭计划经济时代条块分

割体制，"条块分割"弊端尚未割除，形式上各成体系，运行上各自为政，各系统之间缺乏联系和沟通，没有权威协调机构进行统一规划和领导，资源共建共享较差，整体效益难以达到效果。

4. 专业人才缺乏。网络技术给信息资源共建共享提供了很好的平台。但部分职业技术院校图书馆未设置专门信息管理机构，只有为数很少计算机或信息专业毕业技术人员，或者由学校信息中心或网络中心兼顾信息管理职能，无法有效保障信息系统的运行。专业技术人员的数量和质量，直接决定职业技术院校图书馆系统建设运行水平，制约着高校信息化进程。

5. 缺乏职能管理机构领导，信息资源共建共享实践过程中，缺乏权威机构对共享工作进行组织、协同和监督检查，使得对共建共享各成员单位无法有效实现奖惩、制约、督查和指导，也就使得共建共享工作缺乏工作目标和方向，导致推动信息资源共建共享工作无法进行。

（二）图书馆信息资源共建共享机制的构成

1. 资金保障机制。共建图书馆所需资金主要来源于地方财政拨款和高校。因此，在城市公共图书馆与职业技术院校图书馆双方共同制定资金投入比例和投入方式后，必须要有一个强有力的财力保障机制，确保财政投入及时到位。双方在协议中要明确规定投资方式、投资比例，是一次性投入还是逐步到位，每年是否保持经费投入、投入资金的使用方向等问题，并成立资金筹措工作组，制定每年文献资源共享项目的预算，确定市财政和职业技术院校双方的资金投入比例，并积极与市财政部门联系，确保市财政持续拨款。共建图书馆后，在信息资源建设上要融合职业技术院校图书馆和公共图书馆各自的特点，取长补短，在资源建设资金使用上应坚持两点：第一，藏书建设要确立原则，即在保证职业技术院校教学和科研需要的同时也要考虑公共图书馆服务对象，兼顾公共馆读者阅读需求，且服务对象要突出重点，分清主次，资金要用在刀刃上。第二，树立大信息资源观。在当今信息时代，图书馆搜集信息资源同时，资源建设资金应向视听文献、微文献、机读产品、光盘出版物、网络信息化等现代信息资源倾斜，确保资源建设资金有效使用，不断完善图书馆信息化资源。

2. 平台建设机制。职业技术院校共建图书馆读者群体和公共图书馆读者群体相比较，年龄跨度大，涉及行业多。读者阅读需求多样化、多元化，对资源建设工作提出新要求，信息资源必须兼顾高校师生和广大社会读者需要，既要有满足高校教学、科研需要的信息资源，还要有满足各类社会读者学习、阅读、欣赏等需要的一般信息资源。在信息资源平台建设上需要进行适度调整。一是构建联合目录，实现图书馆管理系统中数目数据整合和互通互联。建设联合目录可以采用集中式联合目录和虚拟联合目录相结合方式。原有馆藏文献资源实行虚拟联合目录，即书目数据库虚拟组合，各馆书目数据库仍旧保持相对独立，只是建立一个通用检索界面，在用户检索时才将他们看作是一个整体，统一检索并返回检索结果，而新购进的文献资源可以使用集中式联合目录，采用统一数目著录标准，对新进文献资源统一编目。二是采购时扩大学科面和复本量。为提高信息资源保障率，共建图书馆要加大纸质资源和数字资源采购力度，在采购专业资料时，加强地方特色信息资源建设，兼顾社会读者阅读需求，逐步建立起适应学校教学科研和城市经济社会发展需求的信息资源系统。三是加强网络服务平台建设。为适应校外读者利用高职图书馆服务需要，共建图书馆要建立VPN服务通道，提高校园网和图书馆服务器、交换机等网络设备的性能，为高校读者和社会公众提供优质服务。

3. 流通服务机制

为尽快地完成图书馆共建和信息资源共享，提高信息资源利用率，首先，职业技术院校图书馆应做好前期宣传和咨询培训工作，通过宣传使读者认识到共建后资源共享将扩大自身信息获取量。为提高宣传速度，扩大宣传影响，图书馆可以采用网络宣传方式，引起读者注意。针对高校人员和社会人员阅读类别上差异，图书馆需要开展对口服务，提供更多适合高校和广大社会读者咨询培训服务，如参考咨询服务、专题讲座等，这些服务可以将社会上的专家引进来，同时也可以让高校专家教授在满足自身教学工作的前提下更好服务社会，弥补高校在拥有强大师资背景下对社会服务贡献方面不足，以此提升共建馆在各类读者心目中的地位。其次，图书馆要为职业技术院校师生以及社会读者需求提供多样化、多层次服务。在信息如此丰富的今天，读者对信息需求也日趋多元化，为满足不同类型读者多元化借阅需求，彻底打破传统被动服务局面，图书馆需拓宽流通服务范围，采取灵活多样方式，进行全方位的服务，包括全面开展预约服务、代查代借服务、送书上门服务、精选服务、推荐服务、导读服务，以及提供点对点的专题文献信息服务。图书馆通过多种途径将信息资源传递给用户，真正实现"一切为了读者，为了一切读者，为了读者的一切"。

4. 职业技术院校图书馆信息资源共建共享机制的实现

（1）转变传统观念，正确认识共建共享的关系。信息资源共建共享是国家信息化进程的必然趋势。馆员要正确认识"共建"与"共享"关系，共建是共享的基础，共享才能共同发展，二者相互依存、相互支撑。在信息资源建设中，图书馆要有全国一盘棋的思想，打破原有各自为政的局面，树立共建意识形成相互合作、相辅相成的服务体系，走资源共建共享优势互补整体化路子，推动信息资源的充分开发利用，扩大信息资源共享范围，加速我国信息资源共建共享的进程。

（2）加强资源共建共享工作标准化和规范化建设。标准化和规范化是资源共建共享的必备条件，共建是共享的基础，共建目的是为了更好的共享。信息资源共建共享首要任务是本着向国际标准靠拢原则，制定统一的国家分类、编目、著录标准，且要严格按照国家制定的标准贯穿于资源建设的各个环节，重视标准和规范的实施，也只有遵循建设的标准化、规范化，才能实现信息资源的转换、交流、兼容，真正实现联机检索，资源共享。

（3）建立法律法规保障体系。完备的法律法规体系是图书馆信息资源共建共享工作的行动指南。职业技术院校图书馆信息资源共建共享是多部门协作的系统工作，是一个设计多领域、多层次、多学科的复杂的、有组织、有联系、有规律的活动需要采取一定运行方式和方法，才能协调有序进行。因此，图书馆必须对信息资源共建共享过程环节制定相应政策法规，以此来规范各方行为，从而使得共享各环节工作更具有合法性、规范性，以保障合作有效性与有序性，同时保障合作方权益有效满足。

（4）推广职业技术院校图书馆联盟，互惠互利。职业技术院校图书馆联盟是共建共享信息资源一种实用有效方式。这种组织形式，对图书馆来说有着特殊的意义，即可以有效克服信息资源共建共享程度上障碍，参与机构之间进行横向协调。CALIS在我国高职图书馆中影响力和作用最大，它为我国高职图书馆的通识、共建、共享提供网络平台，为高职图书馆发展提供良好的机遇。因此，图书馆要加快CALIS建设步伐，使职业技术院校图书馆能够参与CALIS建设，享受CARIS服务，为高校教学和科研服务。

（5）加强标准化、规范化研究与建设。标准化是职业技术院校图书馆合作的 一项基础工作，是信息交流和资源共享必要条件。图书馆资源共建共享机制必须统一技术标准，规范操作步骤，否则职业技术院校图书馆无法互通。但是，我国标准化和规范化工作进程比较缓慢，许多环节还很薄弱，缺乏全国统一分类、著录、标引、检索标准和计算机网络规则，各图书馆使用标准和规则往往是各自的体系，这是开展图书馆资源共建共享的一大障碍。

（6）加强人才培养，造就人才。大部分外国图书馆管理员都有专业学位和图书馆学学位。但是，我国职业技术院校图书馆存在人才结构单一现象，信息技术开发人才缺乏，高水平人才难求，这不但没有满足实际需求，反而限制信息资源共建共享快速发展。因此，职业技术院校图书馆一方面要加强人才队伍建设，另一方面要加大人才培养力度，注重多渠道吸纳人才，以及职业人才多渠道培养，为信息资源共享提供全面人才保障，确保信息资源持续发展。

第三节 "2035年远景目标"相匹配职业技术院校图书馆人才队伍建设

一、"2035年远景目标"相匹配的图书馆人才需求

（一）职业技术院校图书馆人才队伍建设新需求

岗位招聘信息是高职图书馆发展需求的风向标，透过岗位职责和能力要求，可以窥视当前图书馆的发展方向和亟须的专业人才[1]。

1. 需要具有计算机专业背景的系统研发馆员

职业技术院校图书馆系统研发馆员的岗位名称较为一致，多为"系统应用与研发岗""系统开发服务岗""软件开发/系统运维工程岗""系统开发与测试维护岗"等。就岗位职责来说也基本相同，即图

---

[1] 严丹，马吟雪.高职图书馆岗位需求变化与机构设置趋势探析 [J] 图书馆建设，2018（10）：32-38.

书馆相关软件系统研发，系统测试、运营维护、升级改造，以及跟踪新技术、开展信息技术发展趋势前沿研究。从岗位职责可以看出该岗位技术性、专业性较强，一般要求具有计算机、软件相关专业背景知识，硕士以上学历，且对馆员能力要求较高，需精通JAVA、Python或Perl、JavaScript等至少一种开发语言，且具有系统开发经验的优先考虑。山东大学图书馆招聘的"人文数据库建设专员岗"，虽然岗位的职责是数据库建设，但在能力要求上同样提到了要熟悉操作系统、数据库等相关软硬件系统知识，掌握编程语言。

招聘信息岗位职责中重点提到要跟踪新技术、开展信息技术发展趋势前沿研究，同济大学图书馆还特别强调要具备迅速掌握计算机新技术和新知识能力，以及有一定学习能力和创新能力；上海交通大学图书馆要求具备独立进行计算机相关技术学习、研究、实践能力。这正是为适应信息技术加速迭代需要，新技术会不断涌现，馆员必须具备迅速掌握新技术、新知识的能力，才能不断更新自己的知识，把握技术前沿，做好本职工作。

2. 需要"一专多能"的学科和情报服务馆员

除了系统研发馆员外，学科和情报服务专业馆员也是招聘重点。虽然学科馆员和情报馆员在服务的对象、范围上有一定差异，但是从近期招聘岗位名称、职责范围和必备能力上来看，学科馆员和情报馆员边界逐渐模糊，两个岗位交叉性很强，学科馆员同时也必须是情报专家。

第一，职位名称。武汉城市职业学院图书馆招聘的"学科评价及分析岗"，侧重于学科评估、学科影响力分析等工作。福州职业技术学院招聘"学科与知识产权咨询岗",侧重于开展学科服务和知识产权信息服务。虽然没有对职责和能力要求做相关说明,但从岗位名称可以看出,该岗位是学科服务和情报服务兼具岗位。

第二,教育背景。学历上要求研究生学历,学位要求硕士及以上,上海交通大学图书馆明确要求博士学位。专业要求上,除了需要图书情报类学科外,学科要求还拓展到了计算机类、统计学、信息技术类学科等诸多学科领域,这也反映出了学科和情报馆员岗位正在向多学科、复合型的岗位转变。

第三,能力要求。除了具备较强的沟通交流能力、语言表达能力、计算机操作能力等综合能力之外,有些图书馆还要求馆员要熟练使用DI、CiteSpace、VOSviewer等情报分析工具,独立完成分析报告,涉及知识产权的岗位还必须具备一定的知识产权和法律知识。同时,该岗位涉及外文文献,因此要求馆员具备较高的外语水平,还要有较强的学习能力、创新能力、科研能力及写作能力。可见,该岗位对馆员的能力要求较高,不但要具备过硬的专业知识、图书情报知识,还必须熟练运用情报分析工具。此外,还要具备独立开展培训、教学工作与科学研究的能力。

3. 需要特色资源建设和文化推广馆员

从招聘岗位来看,古籍及特色资源岗也比较热门。这也反映出了职业技术学院图书馆对古籍及特色资源的重视,这与图书馆资源建设转型的方向是一致的。如北京师范大学图书馆的"古籍及馆藏特色资源修复岗",北京大学图书馆的"典藏岗""特藏咨询与整理岗",复旦大学图书馆的"古籍编目岗",上海大学图书馆的"口述史馆员岗"。这些岗位的主要职责是：古籍的定级、修复；特色资源的发掘、揭示与整理研究；开展相应的专题讲座。在专业要求上主要是图书馆学、文史哲相关专业，在能力上普遍要求具备较强的英语听说读写能力，以及一定的计算机操作能力，北京大学图书馆的"特藏咨询与整理岗"还要求具备一定的中外文手写体辨识能力。

为了满足用户多元化的文化需求，文化推广这一类围绕微信等新媒体运营的新兴岗位也应运而生。如同济大学图书馆招聘文化推广岗，其岗位职责主要是负责新媒体平台（微信、微博）的日常运营，文化项目的策划、设计、宣传、实施，线上及线下阅读推广活动的组织、实施与推广，相关活动稿件撰写等，这个岗位的专业性较强，要求设计创意和新闻学、传播学等相关专业，且要求熟悉专业创意方法，洞察力强，文字功底扎实，能熟练应用Photoshop等软件进行版面设计与排版，有较强学习能力、创新能力等。这类岗位是图书馆招聘的新方向，也是新媒体在图书馆应用的必然产物。

4. 需要具备大数据分析能力的数据馆员

随着数据价值的日益凸显，职业技术院校图书馆也开始重视各高校科研数据，学科数据的搜集、保存及服务工作，并纷纷搭建数据管理平台。此外，随着用户需求驱动图书馆变革的呼声越来越高，图书馆也开始重视对用户行为数据的挖掘与分析，以探索更多的潜在需求，由此衍生出很多与数据有关的新兴岗位。如福州职业技术学院图书馆招聘的"研究数据管理岗"，主要职责是学科数据的搜集、保存、揭示及服务，学科用户数据的挖掘与分析，协助用户管理、共享和获取科研数据，该岗位是一个需要具备多种能力的复合型馆员岗位，这也是未来馆员职业素养能力的发展趋势。

（二）职业技术院校图书馆人才队伍建设个性能力倾向需求

1.向高学历、多学科、专业化方向转变

馆员队伍始终是图书馆转型发展的动力源泉，馆员素质、知识结构、能力决定图书馆发展的质量。随着人工智能在图书馆普及应用，简单重复性、低智力要求岗位会首先受到冲击，如借还岗、咨询岗、采编岗等岗位，相应地，知识型、创新型等体现人的智慧岗位将需求旺盛，如数据专家、产权馆员、数据工程师、情报专家、专家型馆员、图像识别工程师等，这促使馆员队伍结构向高学历、多学科、专业化、知识密集型方向转变。从近期岗位招聘信息也可见一斑，从学历上看，招聘岗位均要求硕士研究生学历及以上学位；从专业来看，除了图情专业外，专业要求开始向计算机相关专业、图书情报与档案管理类、设计创意、新闻学、传播学、中文、经济管理类等多学科方向发展，在满足学历和专业基础上，还要全面考察应聘者综合能力，专业技能，优中择优。

2."一专多能"复合型人才成为主流

未来，职业技术院校图书馆将在资源、技术、服务、空间等各方面进行深刻的变革，这就需要有相应人才来推动各要素的转型。其中，"一专多能"复合型人才在未来图书馆中将发挥越来越大作用，如数据馆员，仅懂得数据方面的知识而不懂外语，面对外语数据处理加工就会显得比较吃力，再比如外语人才，如果懂得图书馆学、文献学方面的知

识，其外文文献的收集、分类、整理、推荐工作就会做得更出色。从近期招聘信息也可以预见，如学科和情报馆员，除了进行日常的学科和情报服务外，跟踪国内外相关研究与实践的最新进展，面向师生及科研团队开展针对性的培训、讲座或信息素养课程，科研项目的研究等工作也都是其主要职责，如果馆员不具备多种能力是很难应对的。再如数据工程师岗，也必须同时兼具多种能力才能胜任。显然，这些岗位正在向复合型岗位转变，也只有"一专多能"复合型人才才能在这个岗位上做到游刃有余。所以说，"一专多能"复合型人才在未来图书馆发展中将大有可为，图书馆员要对照自己知识结构，尽快补足短板，努力使自己成为集学科专业知识、图书情报知识、外语知识、信息技能于一身的专家型馆员，为图书馆发展贡献自己力量。

二、"2035 年远景目标"相匹配图书馆人才队伍建设途径

我国社会经济进入新发展阶段，社会各行各业对高素质技能型人才的需求越来越紧迫，职业教育地位也越来越重要，而当前职业教育还存在一定问题，比如体系不够健全、政策不够完善、资源不够充足，并不能适应社会发展趋势和满足市场需求。中国特色高水平高职学校和专业建设计划（以下简称"双高计划"），是推进中国教育现代化的重要决策。2019年1月24日，国务院印发《国家职业教育改革实施方案》（以下简称《方案》），提出将启动实施"双高计划"，至2022年，建设一批引领改革、支撑发展、中国特色、世界水平的高等职业学校和骨干专业（群）。

（一）职业技术院校图书馆加强人才队伍建设与管理的必要性

职业技术院校图书馆是学院三大中心，即信息资源中心、素质教育中心和知识服务中心，是学院教学科研和建设发展的重要组成部分，不仅提供大家所熟知基本服务，而且应依托丰富资源和专业人才，助推学院积极参与国家的"双高计划"建设。当下是大数据时代，在泛信息环境下数字化信息资源更新快速，伴随"双高计划"建设逐步推进，新任务与要求不断被提出，对图书馆而言，不仅是机遇，更多是挑战。职业技术院校图书馆应有效加强人才队伍建设与管理，提供更优质、更有价值的信息服务，充分发挥图书馆的决策和智库服务功能。

（二）职业技术院校图书馆人才队伍建设现状

1.职工素质偏低

从学历结构来看，部分高职院校图书馆管理和图书管理员缺乏硕士以上学历以及图书馆专业、计算机应用和外语专业人才，原图书馆员专业知识偏老，知识结构不合理。在新计算机技术和外语知识应用下，一些职业技术院校图书馆的工作人员仍使用原来手工操作。从人员构成来看，大部分职业院校图书馆馆员平均年龄偏大，男女比例不均衡，且以女、中年和老年居多，导致年轻学校图书馆服务质量低、图书和材料利用率低。从专业工种看，职业性较强职业技术院校图书馆管理人员专业工种比例不合理，专业能手少。其结果是，学校图书馆在项目开发和新技术应用方面处于低水平，难以适应信息技术开发时代高等教育需要。

2. 职工信息服务的能力不强

在一些职业技术院校中，大多数图书馆职工还停留在传统工作模式。在采访、图书编目、发行、期刊管理中，图书馆工作人员耗费大量人力物力，远远达不到读者要求。

3. 人才管理制度缺乏活力

目前，很多职业技术院校图书馆人才管理体系不完善，对图书馆员培训、职业促进、报酬、处罚的管理不够规范。此外，对图书馆员没有建立合理的评价指标体系。图书管理员要么被动工作，要么坐在大厅等待服务，服务质量差，业务水平不能得到应有的提高。这些因素严重限制了图书馆的发展。

4. 职业技术院校图书馆行政管理缺乏制度支持

在高职高专院校中，有一半以上的学校是近几年由中等专业学校升格或合并升格组建而来的。一些学校对图书馆的管理仍停留在传统的认识上，认为图书馆每年多买几本书就是增加投入，多给一间馆舍就是为师生创造更好的学习和研究环境。图书馆工作什么人都可以十，馆员的培训没有计划，引进图书馆专业人才的力度不够。有些学校图书馆还没有组建图书馆局域网，没有使用图书管理系统，没有为馆员提供良好的工作条件和必备的工作设备。这些现象在一定程度上反映一些领导对图书馆的人才建设不够重视，造成了职业技术院校图书馆人才的营养不良。在一定程度上影响了图书馆的长远发展。

5. 缺乏领军人

在人才是第一的源时代，职业技术院校图书馆"论资排辈"现象仍然严重。有些老业务员把持着图书馆业务管理，缺乏开拓进取精神，耽于现状，对新生事物不敏感，认为自己已走到事业顶峰，不会有更大发展，不思进取，墨守成规。年轻馆员则认为自己在工作经验、资历等方面不如老业务骨干，对工作中怎样改革、如何提供更优质服务等方面存在信心不足。长期以来形成图书馆队伍缺乏学术上的领军人的现状。

（三）职业技术院校图书馆加强人才队伍建设与人力资源管理创新

1. 转变服务理念意识，保障文献信息服务

在"双高计划"建设的驱动下，职业技术院校图书馆应该树立"以人为本"的服务理念，以学院总体发展方针为建设方向，紧紧围绕教学科研及专业建设中心工作，真正从读者需求及其行为变化的角度出发，拓展自身职能，加强职业技术院校图书馆的信息化建设，为读者提供高水平、个性化及深层次的综合性知识信息服务。

职业技术院校图书馆应该重新找准自身的角色定位，主动融入学院教学、科研及工作的环境和过程中，开展定向服务、专题服务、咨询服务、在线服务等，满足读者的层次化需求，改变读者对图书馆传统认识，让大家认识到图书馆是大学第二课堂，图书馆在高水平专业建设及高素质人才培养方面的推进作用不可或缺。

当今信息社会，信息素养已经成为人们生存、学习、工作的重要能力与基本素质。在泛在知识信息环境下，图书馆员只有通过信息素养培育，才能够具备获取信息的能力，从而主动获取各种信息，及时掌握第一手信息。职业技术院校图书馆应该提升馆员队伍教育指导能力，转变教育理念，深化教育职能，注重培养读者信息检索技能及利用图书馆习

惯，逐步将图书馆发展成为科技素养及人文素养培训基地。

同时，职业技术院校图书馆应树立应急管理意识，坚持以"虚实并重"为资源建设的基本方针，充分发挥信息资源优势，切实为广大读者的教学科研及工作学习提供文献信息服务保障。面临突发的公共危机，馆员通过网络进行办公与业务学习，着力提升数字服务能力，积极开展线上咨询服务和远程服务，发挥新媒体平台的纽带作用。职业技术院校图书馆通过微信公众号整合汇集专题资源，并多措并举开通学术资源平台，做好防范、善后及处理工作，为学院各项工作的正常开展提供及时的应急信息支持。职业技术院校图书馆还应该树立社会意识，注重承担社会教育职能，在满足本院师生信息服务的基础上，为推动当地社会事业的发展提供必要的信息咨询服务。

2. 掌握网络信息技术，发挥决策服务功能

图书馆的服务升级对图书馆员服务能力提出更高要求，鉴于"双高计划"建设的职业教育背景，职业技术院校图书馆除加强学习新的管理理念和方法，更应该注重图书馆员能力提升。因此，在当前背景下，图书馆员知识体系的构建与更新势在必行尤其是随着互联网的深入发展，泛在信息环境要求图书馆员要熟练掌握网络信息技术，为学院领导及专业学科负责人提供更前沿的职教资讯和信息参考，充分发挥智库决策服务功能。

第一，信息搜集筛选能力。信息服务，即职业技术院校图书馆员根据读者信息咨询，通过自身专业知识及网络信息技术，提供个性化、专业化、精细化、增值化服务过程。随着大数据发展以及互联网和移动技术广泛应用，阅读载体呈现多元化、便捷化发展趋势，广大读者了解信

息、获取资源习惯和方式发生很大变化。互联网上各种信息良莠不齐、真假难辨，并不能切实满足读者信息需求。因此，职业技术院校图书馆馆员必须注重自身信息搜集筛选能力构建和提升，包括沟通技巧和信息素养。沟通是信息服务一项重要能力。信息时代图书馆员不能一味闭门造车，而是需要走出图书馆进行沟通交流，学习先进经验和创新模式。馆员不能局限于图书馆物理空间，还需要主动深入教学、科研及工作环境，与有信息需求的读者进行良好沟通，及时准确了解和搜集读者需要解决信息难题，并根据读者思路启发潜在深层次需求，保证信息服务质量和效果。

为推进"双高计划"建设，学院各专业学科教学科研和建设发展任务包括双师型培育、职业教育现状与前景、行业需求分析等，对职业技术院校图书馆馆员信息素养提出更高要求。面对各种信息咨询，职业技术院校图书馆馆员必须发挥自身专业优势，利用专业检索技能，熟练运用庞大网络数据资源搜集各种相关文献信息，并对繁杂信息进行甄别筛选，为读者提供可靠、准确数据信息和学科知识，同时能有效指导读者进行信息检索，帮助读者树立信息意识，培育数据素养，这是信息服务的基本保障。

第二，众所周知，每一种数据库都有自身的特色和优势，仅一种数据库并不能满足读者所有的信息需求。职业技术院校图书馆更应该注重培养具备信息整合共享能力的馆员团队，积极参与区域性"图书馆联盟"文献保障体系的构建，对资源进行集中式管理，搭建数字资源的统一检索平台，为读者提供"一站式"服务。

第三，信息定题服务能力。全面实现"双高计划"建设需要一个长期的过程，随着时间的推移，社会与经济的政策和形势会随之改变，某一学科领域也将会出现新的研究热点和研究方向。职业技术院校图书馆馆员不仅需要根据目前信息需求提供服务，而且要具备信息定题服务能力，针对读者某一特定专业学科研究内容，充分挖掘前沿信息，通过对信息搜集、筛选及整理，定期或不定期地将符合需求最新信息提供给读者，协助读者完成课题研究，保证信息服务针对性及连续性。

3. 建立学科服务团队，提升职业教育水平

在国家职业教育改革的战略背景下，职业技术院校图书馆应该注重学科服务的人才队伍建设，充分发挥图书馆的智库功能，契合国家的"双高计划"发展战略，更好地配合学院的建设发展，服务于学院的教学科研。为了保证优势学科长足并向高水平发展，作为学院知识服务和信息共享中心的职业技术院校图书馆必须紧紧围绕学院的建设方针及发展战略的需求，建立一支学科服务团队，依托图书馆丰富的馆藏资源、庞大的网络数字资源及馆员队伍的专业技能和学科知识，为学院的人才培养、学科建设、教学科研提供信息保障，助力提升现代化职业教育水平。

学科服务团队不仅要具备图书馆学专业知识、计算机操作能力、创新能力和网络信息检索技能等，还必须通过积极参加相关学科的专业培训和研讨，培育自身具备跨学科的视野和素养[1]，从而有效满足领导专家的信息需求，协助了解该专业学科的前沿信息，及时提供该专业学科

① 魏彩霞.《国际图联趋势报告2018》解析与思考［J］.图书馆建设，2019（01）：141-146.

的发展现状、趋势以及该专业学科领域的研究观点。同时，职业技术院校图书馆还要加强虚拟的学科化网络学习空间建设，结合行业需求及专业优势，构建教学资源的共享平台，为建立"双师型"教师队伍，培养高层次应用型人才提供技术支持。

学科服务团队在学习相关学科知识的同时，还要有持续研究的精神，即注重学习能力的培养，积极借鉴兄弟院校的先进理念和成功经验，经常与负责专业学科建设的领导专家进行沟通学习，对相关专业学科的建设现状和发展目标制定详细的服务计划，为深化产教融合及工学结合的教学模式提供增值化的学科服务。

4. 建立服务激励机制，制定服务评价体系

面对"双高计划"建设的战略背景，职业技术院校图书馆要提供专业化的信息服务，促使专业学科建设不断向高水平推进。在服务过程中，多元化、多层次的信息需求层出不穷、千变万化，图书馆应该建立服务激励机制，激发馆员队伍的服务热情，增强服务能力，创新服务模式，提升服务水平，为学院的建设发展持续提供更有价值的知识信息服务和文献信息保障。

馆员在面对来自不同层次、不同背景读者的信息咨询时，应该通过不断学习新知识、新理念、新经验，丰富自身的知识储备，开阔视野、提升素养，从而保证服务质量。图书馆必须建立考核机制定期考核馆员的综合能力和服务业绩，加强人才队伍建设，包括信息素养、图书馆学基础知识、信息检索技能、现代信息技术、文学修养、策划宣传及读者教育等方面，从而建立一支适应学院"双高计划"建设发展需求的学科服务团队。

图书馆可以通过人才竞争机制构建人才培养模式，竞争项目可包括满意度问卷调查、绩效奖励、职称晋升、外出交流等，从而增强馆员的危机意识，促进馆员间的良性竞争，鼓励馆员自觉提升自身的综合业务水平，有效提高馆员的工作主动性、积极性和创造性，使馆员成为学科服务的主力军。同时，图书馆要依托丰富的资源优势，发挥促进产学研深度融合的桥梁作用，加快学院"双高计划"建设的步伐。

第四章

"2035 年远景目标"相匹配职业技术院校
智慧图书馆建设与服务

第一节　智慧图书馆概述

一、智慧图书馆内涵与价值

（一）智慧图书馆内涵

"智慧图书馆"最早由欧美图书馆界率先提出，多指以图书馆的资源为基础，提供一站式服务、移动服务、应用无线射频识别技术（RadioFrequencyIdentification，RFID）的自助服务等。2003年，芬兰奥卢大学图书馆艾托拉指出"智慧图书馆"是一个不受空间限制且可被感知的移动图书馆。随着RFID技术在图书馆的应用不断得到推广、普及和深入，硬件产品、系统软件也不断得到丰富和完善，充分满足了图书馆的智能化服务和管理的需求，图书馆也借助于RFID的应用，在总分馆管理、智能文献书车等方面进行特色化创新。伴随着物联网、智慧城市等技术的成熟发展和应用，"智慧图书馆"研究与应用也开始较多地关注于图书馆与物联网、云计算、普适计算等技术联系。本书认为，智慧图书馆是利用新一代信息技术来改变用户和图书馆设施、系统及信息资源交互的方式，以提高交互的明确性、灵活性和响应速度，从而无须人工干预，即可实现智慧化服务和管理。它的出现标志着人们开始将"数字基础架构"与"物理基础设施"相互融合，以一种超越纯技术层面、更加具有人文情怀的理念来重新认识和建设图书馆。

（二）职业技术院校建设智慧图书馆价值

从网络对人们生活覆盖开始，各行各业发展都在朝智能化挺进，直到大数据技术诞生与应用，让智慧化生产与服务成为可能。智慧服务比之智能服务多了一些人性化设计，让人们生活更加便捷和舒适，而其背后大数据运行则是从根本上提高数据传输速度与精准性，以让相关服务对于用户需求应对更加及时和深入，进一步凸显信息技术在人们工作与生活中应用优势。智慧图书馆是在大数据技术基础上建立的图书馆服务管理新模式，是对图书馆海量信息的整合，可以推进数字化阅读的发展，提高图书馆服务的质量，为图书馆教育落实开辟有效路径，是当今职业技术院校图书馆改进的主要方向。职业技术院校建设智慧图书馆价值主要体现以下几点：

第一，提升馆藏书籍的安全性。总体来说，职业技术院校建设智慧图书馆能够极大地拓宽信息存储空间，如应用云计算技术可实现海量借阅信息存储与自由调取。这也为图书馆信息安全性奠定基础，不论教师、学生，还是周边群众，都可以通过建立自己借阅档案拥有便捷、稳定借阅途径和阅读空间。除此之外，智能图书馆安全性在防火、防水、防偷盗方面也有着良好体现，例如：指纹识别及人脸识别技术能帮助图书馆对进入人员进行筛查，可将非会员及可疑人员排除在外；而监测设备的升级也能对图书馆火灾、渗水情况及时提供警报，可有效提升图书馆安全性，为读者提供更加稳定舒适的阅读环境。

第二，提升用户使用的体验。从借阅服务来看，职业技术院校建设智慧图书馆的最大好处就是简化读者的借阅流程，优化读者的借阅方式，从而提升其借阅体验。原始的图书查找要通过电脑查阅分类号找到图书摆放位置，而读者不能明确图书名字将会在查找过程中面临较大阻碍。智慧图书馆的图书搜索形式增多，模糊搜索一样可以快速精准定位图书位置。不仅如此，系统还会根据用户查找的信息推送相关资料文献，以拓展其参考资源，充分体现出大数据时代图书馆依托读者用户查询需求对自身服务模式的完善。而图书馆也会因此在日益激烈的行业竞争中摸索出鲜明、特色的发展路线。

第三，便于图书的管理。从图书管理角度来看，职业技术院校建设智慧图书馆能极大地提升图书及用户管理效率。大数据技术的应用能随时存储和读取图书位置与借阅信息，不仅便于图书的分类和调取，还很有利于图书的追回和保护。对于参考价值低或发行量较小的书籍，管理员可从降低管理成本、保障书籍安全性的角度推荐电子版书籍，而电子版书籍的内容摘录功能则大大提升了读者用户的借阅体验。而管理人员对读者用户的账户进行管理，可有效掌握不同用户的借阅情况，并根据用户的还书情况对用户权限进行拓展或限制，进一步优化图书馆图书借阅的秩序。

二、智慧图书馆特点

（一）智慧图书馆具有便利性

智慧图书馆通过互联互通的网络，给馆员管理图书馆，用户使用图书馆，以及馆员和用户的学习和生活带来了巨大的变化。便利性体现在智慧图书馆的无线泛在。2001年，韩国首尔提出了泛在城市计划，以构建城市内随时随地网络接入和服务接入的城市信息环境；2004年，美国费城市政府在世界上第一个提出"无线费城"规划，以实现城市内宽带无线网络覆盖。泛在城市和无线城市给无线泛在的图书馆创造了良好的信息环境，而中国的电信事业发展也为智慧图书馆的发展提供了保障。根据工信部披露的数据显示，截至2015年底，全国4G用户总数达3.86亿户，4G移动电话用户月均净增超过2000万元；移动用户数总规模达12.93亿户；移动宽带用户占比近50%，而电信业的飞速发展也对我国城乡居民的工作和生活产生了深远影响，移动支付、新一代电子商务、新媒体、生活娱乐、泛在式的信息服务等被越来越多的人使用，给人们带来的变化几乎深入各个领域。而通过利用有线和无线网络，可以使图书馆真正实现泛在化，用户可以在手机和PAD等移动终端上使用图书馆进行借阅图书、阅读文献、与同学交流经验和使用视听资源等活动。

便利性体现在对智慧图书馆的一体化使用。智慧图书馆的精髓就是以人为本，以用户为中心，一切从用户的角度出发来提供服务。智慧图书馆一体化既体现在用户可以到图书馆来，利用物理的图书馆，包括各种设备工具来满足其需求，如借阅、参考咨询、知识共享、小组讨论、丰富课余文化生活的视听活动等。同时，智慧图书馆的一体化还体现在它的另一个形态——移动图书馆，用户可以在手机或PAD等终端设备上无障碍、便捷地使用智慧图书馆。国内的一些大的公共图书馆在移动图书馆上走在了前列。例如，上海图书馆的手机图书馆自2003年策划、2004年试点、2005年正式推出以来，2007年和2012年又先后进行了功能提升，实现了"上图信息、书目检索、读者服务、微博分享、移动阅读、你问我答和分馆导航"等多项功能的整合。重庆图书馆的手机图书馆功能也包括了丰富的内容，如书目查询、我的图书馆、重图新闻、重图电子书、人馆指南、读者互动、阅读通、讲座预告、使用说明等。中国国家图书馆的"掌上国图"则以其独特丰富的内容形成了服务的特色。移动通信在图书馆中的广泛应用，使21世纪初提出的"我的图书馆"的创新理念真正落到了实处。

便利性还体现在智慧图书馆的个性化程度更高。进入21世纪以来，世界各地的图书馆的服务理念都发生了深刻变革，尤其是在我国，从以管理为中心到以服务为中心，从以前的被动服务到现在提倡主动服务，从重视资源建设和馆藏建设到服务与建设并重，从提供固化的、程式化的服务到提供专业的、个性化的服务。可以明显看到，智慧图书馆比以往的图书馆理念的个性化服务意识有了质的飞跃。同时，智慧图书馆也强调与用户互动，它提供的服务是智慧化的、交互性强的个性化服务。

（二）智慧图书馆具有互联性

智慧图书馆技术具有数字化、网络化和智慧化的特点，智慧图书馆的互联体现在3个方面，全面感知、立体互联和深度协同。

　　智慧图书馆的互联性体现在智慧图书馆是全面感知的图书馆。智慧图书馆通过各种传感器，使图书馆有了"皮肤"，可以感觉到外部的变化。将传感器部署在设备终端或馆内一些需要感知的环境中，可以获取想要得到的数据。例如，温湿度传感器可以用于对机房的监控和预警以及射频识别（Radio Frequency Identifica-tion，RFID）感应系统可用于图书和文献的感知等。目前通过物联网连接的传感器涉及范围非常广泛，包括手机、电脑、射频识别装置、红外感应器、全球定位系统、激光扫描器等。再例如，美国华盛顿州西雅图市图书馆在多媒体文献全面感知的基础上实现读者服务的实时数据显示管理，图书、DVD、CD等各类文献的读者实时服务数据通过大屏幕的分类显示一目了然。挪威国家图书馆的汽车图书馆也是在信息全面互联感知基础上实现汽车图书馆内外人的互动以及文献借阅和音乐欣赏等多样化服务。

　　智慧图书馆互联性体现在智慧图书馆是立体互联的图书馆，立体互联即全面互联，包括图书馆物理空间互联，楼与楼之间、层与层之间、区域与区域之间、房间与房间之间、桌与桌之间、计算机与计算机之间、屏幕与屏幕之间、馆藏与借阅之间等相联，以及网络与网络之间、馆与馆之间、书库与书库之间、图书与图书之间、人与物之间等相联；图书馆服务主体馆员之间、服务客体读者之间互联，主体馆员与客体读者间的人与人、人与机器的互联、三网融合（电信网、广播电视网、互联网）互联；图书馆跨行业、跨部门、跨城区甚或跨国界的互联。这些主体的立体式互联使得图书馆成为一个有机融合的整体，从而保证了图书馆服务的深度和质量。

智慧图书馆互联性体现在智慧图书馆是深度协同的图书馆，智慧图书馆深度协同体现在馆员与设备工具协同、馆员与用户协同、用户与设备工具协同、信息技术与所有智慧图书馆主体协同，以及图书馆与其他馆或信息机构协同。现代社会发展下图书馆信息共享尤为重要，它不但能使各馆之间互通有无，而且能够提高资源使用效率，使图书馆作用最大化。这些协同实现必须要有一定机制，用以规范协同系统内各组成单元关系，同时维持协同系统正常运转。例如，在各图书馆之间可以创建个人诚信信息系统，各个图书馆读者诚信记录可以实现同城联网、全省联网乃至全国联网，这就需要运用智慧图书馆建设协同理念，在信息技术支持下创建图书馆诚信协同机制，并逐步建立起图书馆读者诚信网。

（三）智慧图书馆具有高效性

智慧图书馆高效性不但体现在管理高效，还体现在服务高效和资源配置高效。智慧图书馆是高效管理图书馆，指图书馆主管者通过计划决策、组织、领导、控制和创新等职能来协调工作人员行为，以达到图书馆预期目标活动过程。智慧图书馆要使管理科学化，就需要促使馆内各组成部分高效运转，如促进设备工具高效使用，提高馆员工作效率，提高管理者决策效率，提高图书馆整体创新能力。高效管理是指提高图书馆反应的即时性和适时性，使图书馆复杂的神经系统在面临千变万化的动态发展情况下能够做到"耳聪目明"并快速反应，借以提高图书馆管理的灵敏度。例如，通过智能技术物联网，可以实时监控电梯运行，让每台电梯自己成为"安全员"，使电梯运行故障及时得到发现并处置。

　　智慧图书馆是高效服务的图书馆，在现代社会中用户服务需求越来越向着高、精、深方向发展，对图书馆要求也越来越高。智慧图书馆高效服务，一方面体现在馆员根据用户服务需求，通过现代化技术手段，提供最符合要求信息资源，必要时还要根据用户深层次需求提供更专业服务，如情报服务、知识服务等；另一方面体现在图书馆要形成一个集群，利用整体力量来满足用户个性化服务需求。例如，"同城一卡通"是21世纪以来图书馆整合集群的典型案例，这种突破行政区划和城市中分级财政而实现的跨区域全城（乡）一卡通，使图书馆公共文化服务体系实现质的飞跃，使原本一个个独立图书馆资源整合为集群共享图书馆，使图书馆设施资源、文献资源以及人力资源效能走向最优化。

　　智慧图书馆是资源优化配置图书馆绿色发展，是当今时代的主题，也是智慧图书馆的灵魂。图书馆资源优化配置核心是提倡图书馆绿色发展，而低碳环保又是图书馆绿色发展核心。这就需要馆员转变工作方式，提高绿色发展理念，从点滴做起。例如，2011年12月，上海交通大学图书馆与美国国家仪器公司NI（National Instruments）合作，针对传统中央空调忽冷忽热的现象，发动大学生共同设计国内首个高职图书馆室内"环境监测与节能系统"，通过对空气温度区域即时感应做出相应温度调控，体现出智慧图书馆在节能低碳发展中理念创新与实践创新。再例如，现今高职图书馆占座系统大部分已实现无纸化运行，即取消小票机占座，通过电子选座系统来实现占座，节约纸张的同时也提高占座效率。

三、智慧图书馆的功能

智慧图书馆功能与智慧图书馆定义和特点密不可分。智慧图书馆功能主要分为几个方面：一是图书馆管理功能，智慧图书馆能提供一种全新智慧化的管理模式；二是图书馆服务功能，智慧图书馆服务模式是智能化、泛在化和个性化的；三是图书馆空间智慧化，智慧化的馆舍空间提供智慧图书馆必要的物理承载。

（一）智慧图书馆的"智慧管理"功能

物联网（Internet of Things）是指通过射频识别（RFID）技术、传感器技术、智能嵌入技术、全球定位系统、激光扫描器等信息设备，按约定协议将任何物品与互联网连接以进行物品标识、感知信息处理、交换和通信，实现对物品及物物之间智能化识别、定位、跟踪、监控和管理的一种网络。简单地说，物联网就是"物与物相联的网络"或叫"物体的互联网"。智慧图书馆智慧管理功能主要是通过物联网实现的，智慧管理又分为对人的管理、对图书的管理、对资产的管理等方面。

1. 对人的智慧管理

包括对图书馆馆员的管理和对用户的管理。对人员的管理主要是通过身份识别技术来管理，例如，图书馆馆员和用户均需要办理一张存有个人信息的一卡通卡片（卡片也可以内置到手机中）。此卡集多种功能为一体，如图书馆借阅及占座、校园消费、教学楼和宿舍门禁系统等。图书馆在门禁处安装感应器或接收器，此装置与校园卡管理系统和图书馆管理系统相连接，馆员或用户需携带一卡通卡片（或有内置一卡通信息的手机)靠近门禁处,接收器就会自动识别并开启门禁,同时系统会记录人员信息情况,并将数据传送到图书馆管理系统中。图书馆管理系统可以自动生成进出馆人员信息报表,并统计出各类人员每天进出馆的次数和具体时间。由于在馆中装有足够数量的接收器,各类人员进出馆和在馆中的流动情况可以很方便地从系统中查出,此系统非常便于对图书馆人员管理,并积累详细数据以供图书馆管理层和馆员利用。

2. 对图书的智慧管理

对图书的智慧管理主要依靠植入芯片技术和RFID(无线射频识别技术)来实现。例如,以往图书都是依据图书馆分类法,依靠人工来进行分类排架、查找等管理工作,由于高校师生人数较多,用户借阅图书量大,所以图书馆员每天或很低的频次就需要对书架进行整理,这对图书借阅部门的馆员来说是一项比较重的负担,同时也使得图书流通效率降低,而依靠芯片技术和RFID技术,图书馆馆员可以将来自不同出版社的图书的基本信息植入到芯片中,通过此芯片可以进行智能化管理。芯片技术的出现给图书馆带来很大便利,一是芯片可以省去繁杂图书信息编辑工作;二是清点图书也变得非常简单,只需要用扫描设备在书架上依次扫过,所有书目信息一目了然,通过此项技术,以往需要相当长时间的清点工作现在只需很短时间就能完成;三是方便用户查找所需书籍,以往用户借阅图书需要先查该书的索书号,再去相应的书架去找书,利用RFID技术,用户可以手持扫描设备很快找到所需的图书;四是图书馆馆员和用户可以便捷地查询相关书籍的基础信息、馆藏书目数据、借阅数据及图书当前所在书架的具体位置;五是方便馆员顺架和将图书归位,开放式借阅使得图书的顺序比较混乱,馆员需定期对书架进行整理，"在智慧图书馆中只需在阅读器中输入要检查的号码段或要找的书名等，然后沿着书架依次扫描，一旦发现排架错误或找到所要的书刊时，立刻声光报警，这使得查找工作变得非常方便，而且能显著降低错架乱架率。在不影响正常工作下，管理人员可完成顺架工作，减少失误，大大提高书刊整架归位的速度"。

3. 对图书资源颗粒化管理

在汉语词典中，颗粒有两个含义：一是指小而圆的东西；二是指粮食的一颗一粒。由此可见，颗粒化更倾向一种碎片化的理解。资源碎片化需要通过一定的组织、整理，然后有机地组合成一个体系，这就是资源颗粒化管理。当前，我们正处于一个大数据时代，这是一个典型的颗粒化时代，随着新媒介的诞生，传播方式多样化，以及海量信息的堆积，信息资源环境正逐步加剧读者的碎片化、颗粒化。这些颗粒化读者群体对信息资源的内容、表现形式、传播载体、互动分享等都有着各自不同的偏好。因此，职业技术院校图书馆当下面临的重要任务就是要实现图书馆资源颗粒化管理，以提升用户的使用体验感，满足不同群体。

职业技术院校图书馆资源杂、管理难度大，在以前往往会出现图书资源浪费或资产流失现象，如果通过管理系统，对图书资源进行颗粒化管理，就可以有效管理国有资产，防止图书馆的固定资产和图书流失。

（二）智慧图书馆的"智慧服务"功能

智慧图书馆的智慧服务又分为一般性服务和深度服务，一般性服务是指图书馆的基础服务，如借还书服务，空间服务（教师和学生利用图书馆空间来学习和研讨等）等；深度服务是指图书馆馆员利用所学的专业知识，结合用户的需求提供的更深层次服务，一般包括知识服务、高级参考咨询服务和情报服务等。智慧服务的一般性服务一般包括借还书服务和空间服务。

1. 智慧性的借还书服务

传统图书借还服务主要依靠人工来完成，即读者到借阅部门借书或还书。通过智慧图书馆，可以实现自助借还图书。例如，通过自助借还系统，读者将自己的借书证和需借阅的图书放在自助借还机相应的感应区上，系统就会进行自动识别和扫描处理，通过与图书馆自动化借阅系统连接，确认后即完成借书。与借书系统一样，读者也可自主还书，操作完成后打印还书凭条，系统自动获取馆藏信息，通知中心系统更新图书信息及读者信息。"采用自助借还机可以实现多本图书同时进行借还操作的功能，而且24小时不间断服务，从而增进流通速率，简化借阅流程，方便了读者，减少了工作人员的工作量，进而提升图书馆的工作效率和服务品质"。

2. 智慧性的空间服务

空间服务主要集中于图书馆阅览室和部分图书馆设有的自习室，对于图书馆空间管理主要依靠引入智能占座系统。例如，某智能占座系统操作过程：读者只要将智能卡放在刷卡区，屏幕上便会跳出"常坐座位"和"本次选位"两个选项。读者选好座位后，如果需要打印，机器便打印出一张标明座位代码、所在位置、学生卡卡号等的座位票。学生离馆时，再重新刷卡，如果选择"暂离"，系统会保留座位45分钟（可设定）。如果选"本次离开"，系统将自动释放该座位。近两年来，随着4G网络的发展，图书馆占座系统也可以实现手机操作功能，用户利用手机可以实现在终端机上的所有操作，足不出户便可以实现选座功能，同时此系统还可以自行设置规则，防止出现漏洞或其他不符合规范的行为，在方便了图书馆管理的同时又最大程度的便利了用户使用图书馆空间。

3. 智慧图书馆的空间智慧化

空间智慧化是图书馆利用技术手段和设备来管理空间，以达到空间最优效果。智慧图书馆空间智慧化核心是智能楼宇系统在智慧图书馆中的应用。何谓智能楼宇，日本电机工业协会楼宇智能化分会把智能化楼宇定义为：综合计算机、信息通信等方面的最先进技术，使建筑物内的电力、空调、照明、防灾、防盗、运输设备等协调工作、实现建筑物自动化（BA）、通信自动化（CA）、办公自动化（OA）、安全保卫自动化系统（SAS）和消防自动化系统（FAS），将这5种功能结合起来的建筑也称为5A建筑，外加结构化综合布线系统（SCS），结构化综合网络系统（SNS），智能楼宇综合信息管理自动化系统（MAS）组成是智能化楼宇。楼宇智能化系统一般包括以下系统：综合布线系统、计算机网络系统、电话系统、有线电视及卫星电视系统、安防监控系统、一卡通系统、广播告示系统、楼宇自控系统、酒店管理系统、物业管理系统、智能楼宇管理系统（集控平台）及数据中心机房建设等。由于一般图书馆没有酒店管理、物业管理等功能，智慧图书馆的楼宇控制系统也会有选择地建设一些子系统以支撑楼宇管理功能的实现。

智能图书馆的智慧化空间主要体现在几个方面：一是通过网络视频监控，实现对图书馆空间的智慧管理；二是通过声光电和温度湿度控制系统，设置相应的传感器、行程开关、光电控制等，对设备的工作状态进行检测，并通过线路返回控制机房的中心计算机，由计算机得出分析结果，实现对图书馆的声光电和温度湿度进行监测和调控；三是图书馆大门也可以实现自动定时开关；四是利用综合布线系统可以提供整个馆舍内无死角的网络覆盖；五是智能广播系统可用于播放背景音乐、通知和应急广播，告示系统用于视频信息发布，在门厅、大堂、电梯间等地配置告示屏，播放宣传材料、广告和公告信息等；六是智慧化消防，它具备火灾初期自动报警功能，并在消防中心的报警器上附设有直接通往消防部门的电话、自动灭火控制柜、热/烟感应系统、火警广播系统等，可有效防止火灾发生；七是智能身份识别系统，该系统主要依靠一卡通系统来实现。

第二节　职业技术院校智慧图书馆的建设

一、职业技术院校智慧图书馆的建设目标与原则

（一）建设目标

建设职业技术院校智慧图书馆并不是进行简单技术堆砌，而是从每

个图书馆自身需要出发，结合自身特点，再利用物联网信息技术等高新技术，实现图书馆的全面升级。

根据国内外学者的研究，本书总结职业技术院校智慧图书馆的建设目标主要有4个：

1. 建设一个全面感知的智慧图书馆要通过感知系统、感知技术来获取图书馆的运行数据、用户的行为数据、图书馆外部数据等所有与智慧图书馆相关的数据，并将这些数据存储起来，对数据进行分析，这是实现智慧管理和智慧服务的基础。

2. 建设一个广泛互联的智慧图书馆。广泛互联就是将智慧图书馆的相关因素和参与方互相连接起来，既要实现人人相连、书书相连、书人相连，又要实现更高层次上的馆馆相联、网网相联、库库相联，从而使过去相对孤立的图书馆各个单元和服务模块有机融合，实现互联互通，创造出新的价值。

3. 建设一个开放泛在的智慧图书馆，现代图书馆强调开放，开放是其存在和发展的重要方式。开放既是指"时间的开放"，即图书馆开馆的时间更长；也是指服务范围的开放，既服务于本单位、本系统的用户，也向社会公众提供服务。泛在是指图书馆的服务不仅存在于图书馆的物理场所，同时也向互联网、移动终端、社交网络平台等多场所、多维度延伸，以数字图书馆、移动图书馆、微信服务平台等形式为用户提供服务。

4. 建设一个深度融合的智慧图书馆物联网、大数据、云计算和以4G为代表的移动通信网络等在图书馆建筑功能设计、图书馆资源建设、图书馆管理和服务等环节上应用，从而实现图书馆资源和服务与图书馆的平台和装置设备有机结合，无缝对接，为用户提供一体化、一站式的服务体验。

综上所述，高校智慧图书馆建设目标是要建立一个全面感知、广泛互联、开放泛在、深度融合的图书馆，图书馆功能和框架设计也必须要围绕这一目标来执行。

（二）建设原则

俗话说："无规矩不成方圆。"万事万物存在与发展都遵循一定规则和原则，职业技术院校智慧图书馆建设也不例外，它在建设过程中也应遵循相应建设原则，才能更好发挥图书馆智慧化。

1.服务性原则

职业技术院校智慧图书馆建设最主要任务是为用户提供智慧性服务，这是其建设的根本目的，也是其立身之本。与以文献载体为主提供的图书馆文献服务，以信息传播为主的图书馆信息服务，以知识传播为主的图书馆知识服务相比，图书馆智慧服务是以用户的智慧生成过程为中心，致力于培育用户驾驭知识、运用知识和创新知识的能力，进而实现智慧创造。图书馆知识服务是智慧服务的前提和基础，而图书馆智慧服务是图书馆知识服务的深化和升华，职业技术院校图书馆应充分发挥客观知识的拥有者、整合者、启发者的核心作用，帮助用户在知识应用的过程中创新知识、提升智慧。

2.技术前瞻性原则

智慧图书馆之所以"智慧"，是因为借鉴和应用了一大批先进的技术，特别是现代信息技术、物联网技术和云计算技术等，职业技术院校智慧图书馆必须保持技术的先进性、适用性，才能从根本上适应图书馆发展的要求，进而符合用户对图书馆服务不断提升的需求。图书馆需要借助云计算技术、物联网技术建立文献感知服务系统和整合集群管理系统，在各个文献信息机构、各类文献之间建立起跨系统应用集成、跨部门信息共享、跨库网转换互通、跨媒体深度融合、跨馆际物流速递的服务与管理模式。图书馆集群化综合服务平台可以实现知识与信息的共建性整合、集约式显示、便捷性获取、无障碍转换、跨时空传递等，从而使知识资源的视角从点拓展到条线、块面和区域，使服务和管理也从孤立的点转移聚焦于条线的交流、块面的联系和区域的互动，这些正是新形势下促进图书馆服务创新所必须具备的信息服务环境。

3. 开放性原则

智慧图书馆建设根本目标，即建立一个全面感知、广泛互联、开放泛在、深度融合的图书馆。因此，建设职业技术院校智慧图书馆必须要坚持开放性原则，要保持图书馆资源建设是开放的，图书馆服务是开放的，图书馆技术设备是开放的，图书馆员也是开放的，只有保持开放性，与外界交互联系，才能不断吸收其他地区、其他馆的先进经验、先进技术来为我所用。

4. 共建共享原则

图书馆共建共享，是社会经济发展到一定阶段，人们对图书馆信息和服务的需求日益提高，而图书馆受到内外因素的制约不能满足其需求时，依靠其他图书馆或信息机构的资源来满足其用户的一种手段。我国高职图书馆共建共享始于1998年启动的"中国高等教育文献保障体系"（CALIS），它是资源共建共享的成功范例，极大地改善我国图书馆的资源状况。在《图书馆合作与信息资源共享武汉宣言》后，职业技术院校图书馆区域性系统内共建共享信息资源更是加快了发展的步伐。智慧图书馆，是数字图书馆发展到最新阶段的产物，有更多的技术和方法来提供馆外服务，同时有新技术设备来接受其他馆的信息和服务。因此，职业技术院校智慧图书馆的建设也应符合共建共享原则。

二、职业技术院校智慧图书馆的系统建设

（一）智慧感知系统

智慧感知系统是职业技术院校智慧图书馆基础应用系统，通过各种感知手段获得各种感知数据，并应用于实际业务运作。它又包括图书馆运行状态感知系统和智慧环境感知系统。

职业技术院校图书馆运行状态感知系统利用电子显示屏、感应器、电子摄像头和互联网、移动通信网络等软硬件设备，来实时监控图书馆运行情况，并及时传递和接收信息，主要包括图书馆人流量信息、读者到馆信息、图书期刊借还信息等，系统能够根据一定时间内用户使用图书馆资源和服务的信息，及时计算并做出反应，方便图书馆进行资源建设和读者服务工作的调整。

智慧环境感知系统主要是利用物联网技术对图书馆各个功能空间

以及图书馆分馆馆舍空间进行实时的环境监控和感知，包括对光照、温度、湿度、烟雾、声音等进行监测，及时返回数据，以供图书馆管理中控系统及时对环境变化做出应对。

光度感知要及时掌握馆内各个空间日光照射情况，并根据需要调整光线进入的多少。温度感知要动态掌握各阅览室、各馆藏室的温度状况，根据需要调整温度值。湿度感知主要对一些特殊的馆藏物进行湿度监控，以便对湿度进行必要的控制。烟雾感知要对敏感区域以及重要馆藏场所进行实时感知，以便及时发现火灾隐患，将火灾事故消灭在萌芽状态。声音感知是为了及时获得环境噪声参数，对出现异常情况进行必要干预。

通过职业技术院校智慧图书馆的智慧环境感知系统，可以实现对图书馆的电、水等资源进行智能控制，能够根据光照、室内外温度人员密集程度等情况自动进行调节和控制，达到节能降耗的目标。同时，通过职业技术院校图书馆运行状态感知系统，可以有效控制威胁图书馆安全的事件的发生，达到智能安防效果。

（二）智慧资源系统

智慧资源系统是智慧图书馆存在的根本，是职业技术院校智慧图书馆的最重要的内容。它又包括4个子系统：

1.知识发现系统

知识发现（Knowledge Discovery in Database，KDD）是从各种媒体表示的信息中，根据不同的需求获得知识，目的是向使用者屏蔽原始数据的烦琐细节，从原始数据中提炼出有意义的、简洁的知识，直接向使用者报告。知识发现系统主要是利用数据仓储、资源整合、知识挖掘、数据分析、文献计量学模型等相关技术，用以解决复杂异构数据库群的集成整合，实现高效、精准、统一的学术资源搜索，进而通过分面聚类、引文分析、知识关联分析等实现高价值学术文献发现、纵横结合的深度知识挖掘、可视化的全方位知识关联。

2. 数字资源定位系统

利用数字资源借阅终端，用户可以方便地查询各类数字资源的分布状况，并可按需要使用各类数字资源。

3. 统一检索系统

统一检索系统建设目的是要打造新的检索平台—为读者提供强大、便捷和个性化的服务平台，构筑具有高用户黏性的个性化图书馆。这一系统应具有以下五个方面的功能特点：与互联网账户的无缝对接，支持微博、QQ、微信等账号登录；与书评网/网上书店的互联互通；个性化的借阅排行和新书推荐；提供读者推荐的绿色通道；简单实用的期刊目次推送。

4. 特色资源管理系统

结合职业技术院校图书馆所拥有的各类特色资源进行分类管理，并进行数字化加工处理，形成管理规范、分类科学、查询方便的特色资源服务体系，并通过云服务平台提供资源对接服务。特色资源以反映当地历史、文化、教育、科技等特色的各类资源为主，通过搭建资源共享平台，促进特色资源得到更好的传播和共享。

（三）智慧管理系统

智慧管理系统的应用主体主要是职业技术院校图书馆管理者和图书馆馆员，智慧管理系统通过各种高新技术，并结合图书馆发展和自身业务需求，推动图书馆管理的智慧化。主要包括以下几种子系统。

1. RFID 系统

无线射频识别（ Radio Frequency Identification， RFID ）是一种通信技术，可通过无线电信号识别特定目标并读写相关数据，而无须识别系统与特定目标之间建立机械或光学接触。它是构建"物联网"的关键技术，近年来受到人们的关注。RFID技术早起源于英国，应用于第二次世界大战中辨别敌我飞机身份，20世纪60年代开始商用。RFID技术是一种自动识别技术，美国国防部规定2005年1月1日以后，所有军需物资都要使用RFID标签；美国食品与药品管理局（FDA）建议制药商从2006年起利用RFID跟踪经常会假冒的药品。Walmart，Metro等零售业巨头应用RFID技术等一系列行动更是推动了RFID在全世界的应用热潮。2000年，每个RFID标签的价格是1美元。许多研究者认为RFID标签非常昂贵，只有降低成本才能大规模应用。2005年时，每个RFID标签的价格是12美分左右，现在超高频RFID的价格是10美分左右。RFID要大规模应用，一方面是要降低RFID 标签价格，另一方面要看应用RFID之后能否带来增值服务。欧盟统计办公室的统计数据表明，2010年，欧盟有3%的公司应用RFID技术，应用分布在身份证件和门禁控制、供应链和库存跟踪、汽车收费、防盗、生产控制、资产管理。

RFID技术是当前职业技术院校图书馆智慧化建设过程中使用最广

泛的技术，已成为智慧图书馆的主要技术标志之一。当前应用于图书馆的RFID主要有高频（HF）和超高频（UHF）两种，两者都各有其优缺点：高频标签由于受读取距离限制，容易出现数据漏读以及相互干扰问题；超高频标签读取距离较远，但具有跳频特性，会出现超范围误读的情形。总体而言，目前职业技术院校图书馆所用的RFID正逐步向超高频标签过渡，跳频、存储容量小、设备成本高等障碍正在逐步被解决。与此同时，RFID技术还可以实现图书的自助借还，简化借书流程；实现自动分拣、盘点以及安全防盗；根据自身状况和需求开发富有特色和个性化色彩的应用功能，最大限度激发应用潜能。RFID系统建设是智慧图书馆建设的基本任务，要从自身的实际需求出发，选用相对成熟的产品，确保与不同系统之间的互联互通，所采集的数据能为各应用系统所使用。

2. 二维码

二维码（Quick Response Code）能表示高容量的文字、图形甚至声音等信息，是当今应用十分广泛的技术。二维码在职业技术院校智慧图书馆中有多方面的应用：用二维码扫描代替身份识别可实现无证借还；在特定需要的地点提供使用指引；在书库中的二维码能提供书库馆藏类别及架位信息；将图书简介以及书评信息等置于二维码中供读者分享；将图书馆发布的信息以及相关的位置信息等通过二维码传递给读者；将电子资源链接置于查询结果页面，让读者通过二维码下载至手机等终端。职业技术院校智慧图书馆建设过程中需对部分图书和其他馆藏以及读者证、员工证采用二维码技术，进一步丰富数据采集的方式，弥补RFID等存在的不足。

3. 智能定位系统

职业技术院校智慧图书馆需要实现对人员、馆藏和图书馆本身的位置感知，必须通过智能定位系统来实现。智能定位系统涉及馆内和馆外定位两个层面，馆外的定位系统主要通过GPS系统进行定位，该系统可以感知读者实时的外部位置，结合大数据和云计算技术既可为读者推送周边的图书馆地点以及相关目的地等，又可为读者提供全程的位置导航服务；馆内的定位系统，涉及人员以及馆藏资源的位置定位，人员的定位主要使用WiFi和ZigBee相结合的定位技术，且以WiFi定位技术为主，ZigBee则作为WiFi的补充来提高定位的精度。对馆藏资源的定位主要利用RFID的智能感知技术，由智能书架上的感知系统感知馆藏品上附载的RFID信息，并将感知到的结果反馈到图书馆管理系统以及读者的移动设备上实现对馆藏资源的实时定位，实现人性化的服务。职业技术院校智慧图书馆建设需要综合采用各类定位技术，使基于位置的服务能为读者、为馆员和图书馆的管理创造更大价值。

4. 智慧学习系统

智慧学习系统主要是网络学习平台，是一个包括网上教学和教学辅导、网上自学、网上图书馆技能学习、网上学生培训学习、网上师生交流、网上作业、网上测试以及质量评估等多种服务在内的综合教学服务支持系统，它能为学生、教师提供实时和非实时的教学辅导服务。旨在帮助系统管理者掌控各种学习内容活动与记录学习者的学习情况及进度。凭借该系统，管理者可以安排各类学习活动与学习者的学习过程。

慕课（MOOC），即"大规模开放的在线课程（ Massive Open Online

Course）"，是新近涌现出来的一种在线课程开发模式。职业技术院校智慧图书馆用户可以通过网络学习平台在线接受慕课教育，这种模式利用其他学校优质的教学资源与图书馆优秀的在线平台结合起来，从而更好地为用户提供服务。

5. 智慧馆员系统

智慧图书馆的建设对职业技术院校图书馆的馆员提出了更高的要求，既要让他们成为各类智慧应用系统的行家里手，又要成为解决读者问题的专家。智慧馆员系统是职业技术院校智慧图书馆的核心支撑系统，对提升图书馆的整体管理和服务能力有着重要作用。

6. 智慧社交系统

信息技术飞速发展，在改变人们的生产方式的同时，也在不断变革人们的生活方式。尤其是在大学生人群中，移动社交功能应用越来越普遍，学生之间联系的桥梁由以前的打电话、发短信逐渐变为利用微信等手机应用来实现。具备强大的智慧社交功能既是智慧图书馆建设的重要目标，也是迎合新一代读者发展需要的必然选择。智慧社群系统的建设要以"为读者提供融学习、社交和娱乐于一体的城市空间"为基本理念，结合O2O（线上线下）融合发展的思路，为读者提供全方位支持。

7. 智慧服务系统

智慧服务是职业技术院校智慧图书馆的核心功能，既包括图书馆传统服务的智慧化，也包括利用各种新技术提供的创新服务。主要包括以下子系统：

（1）自助服务系统

自助服务是职业技术院校智慧图书馆的重要特色，既能满足读者自主选择服务的需要，又能提升图书馆的服务效率和服务水准。自助服务具体项目如下：自助办证；自助借还；自助打印复印扫描；自助管内开放空间预约；自助电子资源检索；自助缴费等。自助服务的形式多样，可根据实际需要不断开发新的自助服务项目，尽可能为读者带来更多便利，同时也让馆员有更多的精力去提供更加专业的服务。

（2）移动图书馆

移动图书馆依托成熟的移动通信网络、互联网以及多媒体技术，使读者不受时间、地点和空间的限制，通过各种便携移动设备（手机、PDA手持阅读器和平板电脑等）方便灵活地进行图书馆的信息查询、浏览，可一站式查找并获取图书馆纸本图书及电子资源，帮助读者通过移动端的APP享受图书馆提供的一系列服务。移动图书馆要重点解决手机客户端访问的OPAC（Online PublicAccess Catalogue，联机公共检索目录）系统，通过APP访问，读者可以实现基本字段检索、书目查询、阅读全文、新书预约、图书续借、新书通报和关注等主要功能。此外，还应具有提示书籍阅读期限到期提醒等功能。

（3）个性化定制服务

根据读者兴趣爱好、职业特征以及地理位置等提供有针对性的个性化定制服务。具体的服务内容如下：个性化图书推荐；个性化电子期刊订阅；个性化讲座推荐；个性化科技查新服务；个性化影视媒体欣赏安排。个性化定制服务将结合读者的需求不断优化完善，探索新的服务项目和服务模式，为读者提供更加切合实际需求的个性化服务。

三、职业技术院校智慧图书馆开放信息资源建设

开放获取（Open Access，OA）一直是近年图书馆学界研究的热点问题之一，之所以成为热点主要原因是由于开放获取的出现让印刷型学术文献从出版媒介、发行渠道以及传播和服务方式都发生了根本改变。近几年，国际上开放获取发展势头迅猛，越来越多的大学、研究院所、学术联盟或科研资助机构发布，强化已有OA政策，或创建知识库，甚至传统学术期刊出版商也已经陆续向开放获取出版领域转型，抢占OA出版市场，使OA资源数量快速增长。

（一）对OA资源进行调研

职业技术院校图书馆应根据本馆职责、任务及服务对象的需求，组织专门力量对OA资源进行专门调研。图书馆是外文期刊的主要购买和服务提供者，印本期刊OA化对订阅方式.采购预算、馆藏结构及服务都产生了影响。哪些刊属于金色OA，哪些属于混合式OA，各由哪些出版商出版，哪些OA刊可以长期保存，是否可以替代部分印本期刊，这些都是摆在图书馆面前的现实问题，亟须组织人力进行专门、深入的研究，为合理布局馆藏结构、优化资源配置、提升预算使用效率提供可靠、可行的参考依据。

（二）开设开放获取专栏

职业技术院校图书馆应可以开设开放获取专栏，以利于读者或用户清楚识别、使用OA资源。据调查，国内大学、科研单位及图情机构对国内外OA资源的组织有两种方法，一种是在图书馆网站首页上的"数据

库导航""网络资源""电子资源"或类似栏目中对混合排列的OA与非OA资源逐一做简要介绍和地址连接；另一种是在网站首页开设"开放获取"专栏，对OA的概念、发展、知识库、自存档以及每一种OA资源等相关知识集中组织并逐一介绍。从资源利用的角度考虑，似乎后者的组织方式更值得推介，不但起到了宣传、普及OA知识的作用，而且能让使用者更清楚地辨识哪些属于OA资源，在使用方法和形态上与传统文献或数据库有何不同，更有益于OA资源的推广利用。资源建设工作的每一次革新，每一项新技术的应用，最终受益者都应该是用户。

（三）修订或更换现行编目规则

2010年6月发布的《资源描述与检索》（RDA），以国际图联的《书目记录的功能需求》（FRBR）和《规范记录的功能需求》（FRAR）为框架，专门针对数字资源编目同时兼容印本资源书目数据，适用于包括远程访问等各类数字资源的著录，是目前最新的国际化编目规则。与现行国内著录规则相比，"RDA关于数字资源著录的条款更多.规定更具体，内容更丰富"。尽管对RDA是否适用于中文文献著录、使用效果尚不清楚，但以发展眼光看，编目工作的国际化、标准化、统一化是趋势。RDA中文版问世后，图书馆应积极探索用其著录中文文献的可行性。鉴于RDA的灵活性，甚至可以考虑向其制定者英美编目条例修订联合指导委员会（JSC）提供针对中文文献著录的修改细则。RDA的应用将有利于国内外馆际之间书目信息交流与共享。

（四）重点建设OA资源

职业技术院校图书馆应将OA资源重点建设，以推动馆藏资源的广泛共享，提升馆藏利用率和显示度。据调查显示，国内图书馆的馆藏利用率平均在30%-40%，而这个数据的理想状态应该是70%-80%。现实与理想差距过大，说明信息在传递过程中遇到了障碍，其中共享方式是重要因素。开放是共享的前提，没有资源的开放，就不可能实现广泛的共享。图书馆应从发展战略、采购预算、馆藏结构、组织揭示、服务提供等资源建设各个环节对OA资源予以计划安排。特别是科技管理部门的政策支持是OA资源建设快速、健康、可持续发展的重要保证。资源建设的出发点应从两方面人手：一是合理安排预算，用有限经费实现最佳资源配置；二是尽最大努力满足用户研究教育和学习的需求。因此，图书馆应尽一切可能为用户提供使用上的便利，创造条件使知识交流渠道更加畅通。交流渠道的畅通有助于协同创新。

第三节　职业技术院校智慧图书馆的服务

一、流通阅览服务

流通阅览工作是最基础的读者服务工作，主要包括图书和期刊等纸质图书的借阅工作等。流通阅览服务中主要涉及智能书架、自助借还服务等。

（一）智能书架

　　智能书架（smartbook shelf）是一套高性能的在架图书实时管理系统，利用高频ISO/IEC15693 RFID（无线射频技术）实现在架图书单品级物品识别，可完成馆藏图书监控、清点、图书查询定位，错架统计等功能。智能书架系统具有检测速度快、定位准确等特点。可应用于图书、档案、文件管理等领域。智能书架可拥有多个RFID读写天线，可以读取该书架上的书本RFID的信息，然后探测某一本书的是否在读取范围内，如果读取不到这本书的RFID标签，则认为该书已经被拿走，再结合之前的读取信息，可以判断该书本什么时候取走，什么时候被归还。图书馆通过智能书架（IBS），可以统计出书架上每本书的状态，通过书本使用率分析，可以完成许多以前图书馆不能完成的功能。传统职业技术院校图书馆采用条形码技术实现图书管理，图书上架按照《中国图书馆分类法》由馆员完成图书上架任务，数据库中存储的图书位置为类号，图书放置区域最小单位为分类排架号，并没有精确到具体某一节书架，使读者在查找图书上仍花费了大量的时间，而且实际中又无法避免的存在图书放错书架的情况，致使读者从数据库查找到的图书架号并不是实际图书所在的位置，影响读者图书借阅效率。而职业技术院校图书馆馆员的顺架采用原始的人工清点，不仅图书顺架不准确，而且顺架劳动强度也非常大。智能书架系统实现了书架上文献的实时扫描、记录和更新文献的架位信息，实现了文献的自动识别快速清点功能，强化文献的流通统计，归还文献的快速定位，有效降低文献的错架率，提高图书管理人员的工作效率，真正意义上利用RFID技术实现图书定位管理。

　　智能书架能够实时将每本书定位到层，智能书架的应用使馆员的顺架工作变得轻松，只需要软件系统启动顺架功能即可，甚至可以自动启动顺架功能；对于读者来说，可以实时的定位某本书在哪一架哪一层，充分降低了馆员的工作量，提高管理效率，并能够有效节省读者的借阅效率，使RFID应用数字图书馆的优势得以充分发挥。这种由智能书架、管理系统组成的智能书架管理系统，能够控制智能书架的工作状态，同时负责识别书架上的图书信息，通过网络通信将识别数据信息上报图书馆管理系统，并保存到系统服务器数据库中。智能书架采用的关键技术主要有天线阵列技术，多路切换技术以及电磁场信号控制技术等，能够实现准确定位，并对每层RFID设备的读取范围进行有效控制，以此实现每本书的精确定位。通过后台软件的控制，可以实时跟踪每本图书的信息。通过RFID技术所做的智能书架，不但方便图书上架操作，还能强化图书管理动态控管机制。读者可以在线查询图书与文献的位置及借阅的状态，图书馆馆员可通过系统来查询错置的文献与图书，馆员只需依系统提示，放回正确架位即可，馆员也可随时进行全馆清点，清点不需花人力时间，系统会自动将所清点的资料，做统计分析以便馆员做有效处理。该系统可支持有线或无线WiFi通信方式，所有图书馆信息不但可以通过授权的有线网络链接查询，将来也可以通过掌上电脑（PDA）等无线设备进行链接，也就是说，管理层可以通过PDA等无线设备实时查询图书馆图书状态，做到随时、随地查阅。读者也可以用手机来预定图书，系统会告知读者预定书籍位于那个书架哪一层。该准确的定位信息是实时更新的，并不是传统意义上图书馆第一次上架时候书籍的上架信息，因此，可以更准确地指导读者去相应的位置寻找图书。

在职业技术院校图书馆应用智能书架，可以迅速实现图书的实时监控。智能书架系统通过TCP/IP方式实现集群部署，与职业技术院校图书馆管理软件系统需要实时数据通信，并受图书馆管理系统的控制，RFID模块采集到图书标签信息后，将大量的图书标签信息传送给图书馆管理系统。支持全天24小时在线监控。系统能够根据设定的条件，定时完成图书的定位工作，建立每本图书与层架的位置关系。读者在开放的公共查询目录（OPAC）操作界面输入检索条件，可快速准确提供图书实时位置信息。OPAC查询流程支持：支持两个及以上图书馆系统文献联合查询，可根据题名、作者、主题词、中图法分类号、索书号、丛书名、ISBN等关键词进行多级文献检索，支持图书位置查询、图书定位和智能路径提示、三维立体图形效果。除此之外，

智能书架系统还可以实现读者阅读习惯的统计分析，智能书架天线采用具有专利技术的隐藏式固定方式，固定件和接线隐藏于书架背板中，外观上无任何固定件和连接线，简单的固定方式，方便安装与后期维护。数据统计分析能力按照一定的图书馆数学模型对读者阅读习惯进行统计分析。

（二）自助借还系统

自助借还服务是指读者不必亲临图书馆，不受图书馆开、闭馆时间的限制，在职业技术院校内的一台自助图书馆服务机上就能借书、还书、办理借书证，享受图书馆的预借送书服务，这种技术主要采用了RFID识别技术、身份证识别技术、卡识别技术、互联网传输技术、无线传输技术、数据库检索技术等。在自助借还机上可以实现的服务如下：

1. 自助借书：持证读者可以借自助图书馆书架上的图书，就像在真实图书馆借书一样。

2. 自助还书：读者在图书馆借的书或在自助图书馆借的书均可以归还到任何一个自助图书馆。

3. 申办新证：未办证读者可凭二代身份证在自助机上申办新证。

4. 预借服务：读者通过自助图书馆查询机或图书馆网站查到所需图书，可提出预借请求，图书馆的工作人员将帮读者找到图书，送达读者指定的自助图书馆，通过短信通知读者，读者凭证直接到自助图书馆取书。

5. 查询服务：读者可通过自助图书馆查询机访问图书馆网站，查询图书馆信息和馆藏状况，提出预借请求。

二、空间管理服务

空间管理服务主要包括门禁管理和自习室、阅览室占座服务。职业技术院校图书馆门禁管理主要依靠校园一卡通来实现。随着校园的数字化、信息化建设的逐步深入，校园内的各种信息资源整合已经进入全面规划和实施阶段，校园一卡通以结合学校正在进行的统一身份认证、人事、学工等管理信息系统（MIS）和应用系统等建设。通过共同的身份认证机制，实现数据管理的集成与共享，使校园一卡通系统成为校园信息化建设有机的组成部分。通过这样的有机结合，可以避免重复投入，加快建设进度，为系统间的资源共享打下基础。一卡通有校内消费结算和身份识别两方面的用途，将逐步取代餐饮卡、借书证（卡）、上机证、考试证等校内证件。身份识别功能，又称身份管理功能，是指校园卡内储存了持卡人的基本信息，学校各部门的信息系统可以通过校园卡进行身份识别和相关管理。校园卡内记录了持卡人个人身份资料、图书借阅资料、门禁控制信息、计算机房管理信息等内容，可实现如考勤、个人身份认证、图书借阅、语音教室使用、计算机上机操作等各项校内管理功能。图书馆一般在一楼大厅人口处设置门禁卡，读者刷校园一卡通才能进入，后台依靠门禁管理系统，通过物联网技术，实现读者身份数据的调用。

一般而言，职业技术院校教室资源都非常有限，可供学生读书自习的空间很少，而图书馆有很多阅览室，甚至有一些高职图书馆会专门设置自习室供读者使用。因此，常常会发生图书馆占座现象。图书馆选座系统就是为了解决学习空间不足和占座秩序混乱的问题。自习室座位管理系统主要为学生提供自习室座位情况信息，学生可以通过网络查询开放的自习室和各自习室的人数。管理员可定时更新各个自习室的剩余座位数信息，具体内容如下：

（1）学生查询功能：为了方便学生查找自习室座位等信息，将所有信息按照需要进行分类。这样学生就能很方便地找到自己需要的信息。

（2）学生登记功能：学生可以通过简单的操作，例如刷信息卡等进行自习登记。

（3）添加功能：管理员可以通过填写表格的形式输入开放的自习室等相关信息，系统可以自动避免重复信息。

（4）更新功能：管理员可以对数据库中的信息进行更新。系统能够通过当前开放的自习室提供需要更新的信息，对更新后的信息进行保存，并自动查找是否是重复信息。

（5）删除功能：管理员可以对数据进行删除操作。系统能够通过管理员给出的条件查找出要删除的信息，并提示是否确定删除，如果确定删除，则把相关信息从数据库中删除掉。

（6）管理员查询功能：管理员可以通过条件选择查询所有信息，并进行排序。

（7）统计功能：管理员可以通过此功能对信息进行统计。如统计当天各个自习室自习人数等。

三、嵌入式的学科服务

图书馆面向学科的学科馆员服务，在国外已经存在至少有50年时间，在我国也已经有10余年历史。学科服务的概念则是近些年来才提出的，它是一种全新的服务机制，其服务理念与传统的学科馆员服务已大不相同。但二者不能截然分开。目前职业技术院校图书馆学科服务仍然面向学科组织服务，主要以学科馆员为主体开展。

（一）学科馆员产生的背景

1950年，内布拉斯加大学图书馆确定多名学科馆员负责人文、社学、科学和技术以及教育等学科领域，这是学科馆员制度最公开、最正式的建立。截止到1960年，大多数美国大学图书馆都设立了学科馆员，并且许多大学馆都按"分馆制"进行了重组，还有一些大学图书馆实行了"准分馆制"。1966年印第安纳大学图书馆新设立了10个学科馆员岗位,负责为教研人员和研究生选取文献资料,提供参考咨询和书目服务,并作为"图书馆与他们所负责的院系之间交流的主要渠道"。随后学科馆员制度开始较为普遍地推开。

我国学科馆员建设起步较晚,1998年清华大学图书馆借鉴国外研究型大学的经验率先在国内实行学科馆员制度。随后西安交通大学、北京大学、武汉大学、东南大学、南开大学相继进行了有益的尝试,并取得了一些成功经验。

(二)学科化服务概念

学科化服务通常采用知识化组织模式(Knowledge Model,简称K模式),它以用户为中心,面向服务领域及服务机构,组建一个个灵活的学科单元,将资源采集、加工、重组、开发、利用等工作融于每个学科单元之中,整合传统图书馆职能部门,使信息服务由粗放型管理转向学科化、集约化管理,以方便学科馆员提供更深入、更精细的服务。以上关于学科化服务概念的论述得到了广泛的认可。

(三)学科馆员的职责

在美国图书馆协会(American Library Association)2000年编制的学科馆员工作指导书中指出:学科馆员的工作就是与图书馆用户一起进行馆藏资源评价以提高用户需求满足率的过程。康涅狄格大学2001年将学科馆员的职责描述为:学科馆员是图书馆员队伍中的一分子,他们被任命为图书馆与校内研究单位的主要学术联络人,方便教师、学生与学科馆员的沟通交流，以便更好地获得学科信息指导与帮助。最早在国内推出学科馆员服务的清华大学图书馆中，学科馆员的职责包括：每学期为教师、研究生开办利用图书馆和文献资源的培训讲座；及时向对口院系宣传、通告图书馆新增加的文献资源和服务；负责编写相关学科的读者参考资料和使用指南；负责收集、整理、通告相关学科的网络资源；定期征求对口院系对图书馆资源建设和服务的意见与要求。发展至今，职业技术院校图书馆学科馆员的主要职责可概括为以下几个方面：一是学科联络与沟通，即在图书馆与院系间发挥桥梁与纽带作用，搜集院系对于图书馆建设方面的意见和建议，向学科用户推介图书馆的资源与服务；二是文献资源建设。与学科用户广泛联系，参与学科的纸本资源和电子资源建设；三是开展信息素养教育，为用户开设文献检索课程和开展信息素质讲座；四是咨询服务，帮助用户解答信息利用的相关问题；五是个性化信息服务，为教学、科研提供科技查新、文献检索、定题服务以及其他深入的个性化服务。

（四）嵌入用户的学科服务

1993年Tom Daveaport和Larry Prusak在《公司资料库的产生》一文中对图书馆员提出了"走出图书馆，走向各行业，主动获知信息需求者和信息拥有者，并帮助他们相互联系"等8条建议。同年，Michel Bauwens发表文章介绍了自己作为图书馆员在图书馆之外通过网络服务用户的经历。此后，不少图书馆员采纳了Tom Daveaport和Larry Prusak的建议，嵌入式（embedded）渐渐被用来描述这种新的服务模式和新型岗位。图书馆嵌入式服务方式分为3种：物理嵌入（physical embedding）、组织嵌入（organizational embedding）和虚拟嵌入（virtual embedding）。其中物理嵌入是指从图书馆建筑转移至用户的物理空间中提供服务；组织嵌入是指服务经费由用户方提供，甚至由用户方直接进行管理的嵌入式服务方式；虚拟嵌入则指在用户的虚拟空间中提供的针对性服务。除了嵌入用户的物理空间外，不少职业技术院校图书馆也进行了嵌入用户虚拟空间的尝试。

后　记

金秋时节，硕果飘香，经过两年多，《中国职业技术院校图书馆的建设》终于脱稿。感谢福建社会科学院原文献信息中心主任、历史研究所所长、研究馆员刘传标先生为本书作序。在本书撰写过程中得到林思钦老师帮助与指导，在此表示衷心感谢。

由于近代职业技术院校图书馆的发展状况，历史记录较少，许多近代职业技术教育类学堂、学校的图书馆文献建设与服务只有碎片化、零散的记载，存在许多文献无征的学术问题，加上本人水平有限，加上写作时间仓促，差错与不妥之处仍难避免，敬希学界先进与广大读者批评指正为幸。

参考文献

［1］盛小平，刘泳洁.图书馆职业能力研究［M］.武汉：武汉大学出版社，2020.

［2］皇甫军，包海艳，杨静.高校图书馆学科资源建设理论与实践［M］.北京：文化发展出版社，2019.

［3］赵乃瑄.中国跨系统区域图书馆联盟建设与发展实证研究［M］.南京：南京大学出版社，2018.

［4］中国社会科学情报学会.图书馆、情报与文献学研究的新视野［M］.北京：中国书籍出版社，2017.

［5］徐婷.高校图书馆门户网站建设［M］.上海：上海社会科学院出版社，2016.

［6］于亚秀，汪志莉，张毅.高校图书馆创新服务［M］.上海：上海社会科学院出版社，2016.

［7］陈维.数字图书馆特色资源共享与服务研究［M］.杭州：浙江工商大学出版社，2015.

［8］韩丽.高校图书馆学科化服务的实践发展［M］.昆明：云南大学出版社，2014.

［9］刘敏，王晓翎.智慧服务背景下高校图书馆流通馆员转型发展的实践路径［J］.图书馆研究与工作，2022（05）：62-67.

［10］秦红军.大数据与数字图书馆的智慧服务模式分析［J］.办公室业务，2022（08）：175-176.

［11］金林录.浅谈数字图书馆人才队伍建设——以延边地区图书馆为例［J］.延边党校学报，2022，38（02）：85-88.

［12］吴小凤.智慧图书馆精准服务成人继续教育的学科资源建设路径［J］.继续教育研究，2022（05）：5-9.

［13］于兴尚，徐中阳.图书馆智慧服务职能与蓝图构建［J］.图书馆工作与研究，2022（04）：36-41+78.

［14］徐玉虹.基于用户画像的公共图书馆精准服务对策研究［J］.河南图书馆学刊，2022，42（04）：42-45.

［15］李永攀，霸丽娜，王春玲.基于社交媒体的图书馆集群化智慧服务模式研究［J］.图书馆界，2022（02）：1-4+23.

［16］王洋.需求驱动的公共图书馆精准化文旅融合服务研究［J］.图书馆界，2022（02）：53-56+67.

［17］吴凤君，顾鸿鹄.数据驱动下高校图书馆专利信息精准服务模式与对策研究［J］.情报科学，2022，40（04）：49-55.

［18］赵慧，孙洁琼.新时代专业图书馆人才队伍建设实践——以中国社会科学院图书馆为例［J］.文献与数据学报，2022，4（01）：

86–93.

［19］罗国锋.高校图书馆精准服务"双一流"建设研究［J］.图书馆学刊，2022，44（03）：70–75.

［20］徐红.基于区块链技术的图书馆智慧服务共享平台构建研究［J］.工程技术研究，2022，7（06）：212–215.

［21］韩建芳.基于用户需求的高校图书馆智慧服务研究［J］.河南图书馆学刊，2022，42（03）：61–64+80.

［22］李海杰.近代图书馆、博物馆创设中的公共文化秩序构建探讨——《知识分子与近代公共文化秩序建构——以近代图书馆、博物馆创设为中心》荐读［J］.情报理论与实践，2022，45（02）：213.

［23］许阳."十四五"时期公共图书馆智慧服务转型策略研究［J］.河南图书馆学刊，2022，42（02）：30–32.

［24］王飞，徐旭光，黄湲丹.图书馆智慧服务的理论内涵及提升策略研究［J］.高校图书馆工作，2022，42（01）：49–54.

［25］王馨，陈缤.大数据背景下高校图书馆智慧服务研究［J］.图书馆学刊，2021，43（12）：92–94.

［26］王鹤，杨霏，张雪娇."十四五"时期医学院校图书馆智慧分析与思考［J］.医学信息学杂志，2021，42（12）：75–80.

［27］李颖.高职图书馆的信息素养教育职能探究［J］.产业与科技论坛，2021，20（24）：269–270.

［27］侯婷婷.高校图书馆文化服务品牌建设研究［J］.文化产业，2021（32）：62–64.

［29］王芳."图书馆和谐文化"在高校图书馆的建设［J］.文化产业，2021（32）：74-76.

［30］杨大伟.福建船政学堂管理制度考［J］.职教论坛，2021，37（11）：171-176.

［31］吴树堂.湖北省高职院校供给侧结构性改革研究——基于湖北"十四五"规划和2035年远景目标［J］.中国管理信息化，2021，24（22）：180-182.

［32］刘奕娜.智慧图书馆建设下校园文化建设分析［J］.文化产业，2021（31）：118-120.

［33］尹伊秋，尹方屏，吴丹."双一流"建设高校图书馆文献资源建设经费投入分析［J］.图书馆学刊，2021，43（10）：57-66.

［34］霍学雷，胡石.我国近代图书馆的兴起与演变［J］.现代交际，2021（20）：246-247.

［35］翟桂荣.文华师生与近代中国图书馆学翻译——以《文华图书馆学专科学校季刊》为中心的考察［J］.图书馆论坛，2021，41（12）：54-63.

［36］申少春.战争年代中国共产党领导的图书馆事业［J］.河南图书馆学刊，2021，41（08）：2-14.

［37］刘加翠.近代中华书局图书馆的发展和贡献［J］.传媒论坛，2021，4（13）：133-134.

［38］陈秀华，吕莉媛.图书馆学科服务发展历程梳理及规律研究［J］.山东图书馆学刊，2021（03）：19-23.

［39］焦莺.图书馆发展历程与实现现代化路径探索［J］.理论观察，2021（05）：136-138.

［40］崔薇，秦晓珠.从"知识原点"到"知识中枢"：我国农村图书馆建设发展的历程及启示［J］.图书馆，2021（04）：33-38.

［41］王林.高职院校图书馆特色数据库共建共享［J］.发明与创新（职业教育），2020（12）：179-180.

［42］刘韵溪.高职院校纸质文献资源建设［J］.知识文库，2020（23）：175+177.

［43］张晓新.晚清文教改革中的本土图书馆萌芽——以张之洞在我国近代图书馆事业发展进程中思想演变为例［J］.新世纪图书馆，2020（11）：65-70.

［44］陈薇."双高"背景下高职图书馆人才队伍建设与管理——以漳州卫生职业学院图书馆为例［J］.传播与版权，2020（11）：116-118.

［45］韩丽花，刘梓豪.太谷县图书馆藏清至解放初期契约文书述略［J］.图书馆建设，2020（S1）：29-32.

［46］张青.革故鼎新：福建船政学堂的办学特色及启示［J］.职业教育研究，2020（10）：92-96.

［47］巫芯宇，王杭.美国"图书馆学"到"图书馆设计"发展历程的启示［J］.科技与创新，2020（18）：58-62.

［48］王一斐，李春凤.我国高校图书馆人才队伍建设研究［J］.办公室业务，2020（17）：149-151.

［49］叶淑然.新时代背景下高职图书馆阅读推广职能的彰显与提升［J］.兰台内外，2020（28）：64-66.

［50］潘明茜.高校图书馆纸质文献资源建设的探讨——以贵州中医药大学图书馆为例［J］.传播力研究，2020，4（22）：181-182.

［51］牟成娟.近代私家藏书楼的"脱嵌"与"再嵌"：对图书馆学科史建构的修正［J］.陕西师范大学学报（哲学社会科学版），2020，49（04）：95-101.

［52］刘传斌，杨健安，刘昕民.高校电子文献资源建设现状、问题及对策［J］.中国高校科技，2020（07）：27-29.

［53］强红芳，张长奇.新时代高职院校图书馆的功能与职能探索［J］.传播力研究，2020，4（18）：193-194.

［54］江山.近代图书馆学家洪焕椿早期对地方文献的学术贡献［J］.高校图书馆工作，2020，40（04）：84-86.

［55］黄份霞，黄仁贤.福建船政学堂在中国近代教育史上的价值与意义再探［J］.教育史研究，2020，2（02）：85-95.

［56］任阳红."1+X"证书制度下高职图书馆特色资源建设与共享［J］.科技风，2020（12）：257-258.

［57］刘勇.图书馆馆藏纸质文献规范化管理研究——评《图书馆文献资源建设与创新服务研究》［J］.中国造纸，2020，39（03）：98.

［58］裴咏梅.我国图书馆配市场发展历程、趋势与策略［J］.营销界，2020（11）：51-52.

［59］邹婉芬.图书馆人才队伍建设专项规划构想［J］.山东图书馆

学刊，2020（01）：38-41.

［60］罗文菁.高职图书馆信息服务职能与教学的融合研究［J］.工程技术研究，2019，4（21）：194-196+208.

［61］章禾年.论网络时代高职图书馆德育职能实现途径［J］.才智，2019（31）：45.

［62］孙海燕，齐晓晨，邵锦枫."双一流"高校图书馆日文纸质文献资源建设探讨［J］.图书馆建设，2019（S1）：5-8+14.

［63］张建国.基于船政学堂探索现代职业院校育人机制——以福建船政交通职业学院为例［J］.现代经济信息，2019（16）：398+400.

［64］郑玉娟.民国时期图书馆人才队伍建设研究［J］.河北科技图苑，2019，32（04）：17-21.

［65］刘红祥，贺冰新.高职院校图书馆与公共图书馆的文献资源共建共享模式探究［J］.传播力研究，2019，3（17）：286-287.

［66］郝蕊霞.大数据时代高职图书馆思想政治教育职能的实效性研究［J］.兰台内外，2019（11）：39.

［67］李昱瑾，曲素钦，李岩.高职院校图书馆人才队伍建设管理研究［J］.智库时代，2019（14）：62+64.

［68］吴小瑜.福建船政学堂的历史地位及其影响［J］.文物鉴定与鉴赏，2019（06）：40-41.

［69］陈雪娇，刘彩霞，蔡德清.中央苏区图书馆人才队伍建设研究［J］.山西青年，2019（03）：12-14.

［70］张艺凡，杨菁.中国传统阅览空间特点浅析——以天一阁及

其影响下的四库七阁为例［J］.中国文化遗产，2019（01）：94-101.

［72］陈雪娇，刘彩霞，蔡德清.中央苏区领导干部对图书事业贡献研究［J］.现代交际，2018（21）：250-252.

［73］朱强，廖书语.新时代高校图书馆文献资源建设的挑战［J］.图书情报知识，2018（06）：4-9.

［74］刘晓辉."互联网+"时代图书馆信息服务模式的发展历程、演进与趋势分析［J］.河南图书馆学刊，2018，38（09）：109-111.

［75］陈超.福建船政学堂的办学特色及其影响［J］.海峡教育研究，2018（02）：7-12.

［76］陈雪娇，吴永明，刘彩霞.中央苏区图书馆文献资源的采集工作研究［J］.劳动保障世界，2018（14）：50+57.

［77］周功钊.中国传统藏书楼及园林的范式演变研究——从"娜嬛福地"到"天一阁"［J］.遗产与保护研究，2017，2（06）：111-116.

［78］王荣祥，李毅博.高职图书馆馆员隐性知识共享的措施探析［J］.时代金融，2017（32）：322-323.

［79］张丽华.微服务视阈下高职图书馆数字资源共享探讨［J］.产业与科技论坛，2017，16（16）：267-268.

［80］陈雪娇，蔡德清，刘彩霞.徐特立与中央苏区图书馆事业［J］.内蒙古科技与经济，2017（02）：136-138.

［81］唐丽聪.高职图书馆教育职能创新所需的馆员素质［J］.科教导刊（中旬刊），2017（02）：185-186.

［82］牛瑾芳.数字图书馆的发展历程及趋势［J］.科技传播，2016，8（18）：124-125.

［83］衣晓冰.近代图书馆社会教育职能的嬗变［J］.图书馆研究与工作，2016（03）：5-7+11.

［84］陈雪娇，刘彩霞.论中央苏区图书馆（室）参考咨询服务的"众包"理念［J］.党史文苑，2015（22）：34-35+38.

［85］陈雪娇，刘彩霞，蔡德清.论中央苏区图书馆（室）的参考咨询工作［J］.赣南医学院学报，2015，35（05）：825-828.

［86］于健，史程.新时期下高职院校图书馆教育职能的演变［J］.赤子（上中旬），2015（13）：89-90.

［87］杨梅.浅谈高职院校图书馆资源共享的发展［J］.哈尔滨职业技术学院学报，2015（01）：25+59.

［88］顾伟.高职图书馆馆际资源共享平台服务探析［J］.内蒙古科技与经济，2014（19）：130+134.

［89］黄体杨，杨勇.民国时期的和顺图书馆：发展历程、经验与启示［J］.山东图书馆学刊，2014（03）：32-39.

［90］路长兰.试论电子文献资源建设策略「J］.中国成人教育，2014（09）：90-92.

［91］杜丽杰，宗诚，密研，敬晓慧，杨柳.高职院校图书馆构建共享型专业教学资源库研究——以黑龙江省高职院校为例［J］.中小企业管理与科技（上旬刊），2014（04）：283-284.

［92］陈仪平.关于中央苏区文献资源建设的探讨［J］.才智，2013

（29）：309.

［93］李良艳，赵珍.中央苏区图书馆建设及其历史意义［J］.兰台世界，2013（07）：24-25.

［94］岑慧连.我国图书馆发展历程与功能变迁［J］.科技情报开发与经济，2013，23（02）：147-149.

［95］卢晓君.高校图书馆电子文献资源建设与服务创新——河南师范大学图书馆案例研究［J］.内蒙古科技与经济，2012（14）：50-51.

［96］肖秀阳，刘静.高职院校图书馆信息资源共享研究［J］.农业网络信息，2012（06）：37-39+52.

［97］燕辉，魏小盈.主体需求推动下的图书馆价值变迁研究——以20世纪以来中国图书馆发展历程为线索［J］.图书与情报，2012（03）：35-39+141.

［98］孙秀茹，白德位，刘美珍.高职图书馆校内文献资源整合共享的实践——以邢台职业技术学院图书馆为例［J］.科技情报开发与经济，2012，22（07）：74-76.

［99］刘想容.浅谈如何充分发挥高职图书馆的教育职能［J］.湖北成人教育学院学报，2012，18（02）：41-42.

［100］曲素钦.高职院校图书馆信息职能新探讨——就业信息服务［J］.科技资讯，2011（31）：252.

［101］.国家图书馆发现妇科秘方［J］.婚姻与家庭（社会纪实），2011（08）：49.

［102］马玉英.高校扩招对图书馆的影响及对策［J］.山西大同大学学报（社会科学版），2011，25（03）：97-98.

［103］吕香子.高校扩招后影响图书馆流通部服务质量的因素分析［J］.科技情报开发与经济，2010，20（34）：62-64.

［104］赵利萍.浅谈高职院校图书馆与地方图书馆之资源共享［J］.甘肃科技，2010，26（22）：103-104.

［105］赖群，刘波，刘静春.高职院校图书馆信息资源合作与共享现状探析——以广西部分高职院校图书馆为例［J］.情报探索，2010（11）：77-79.

［106］于维娟，沙淑欣.建国60年高校图书馆发展历程回顾［J］.新世纪图书馆，2010（05）：46-48.

［107］杨家勇.浅谈高职院校图书馆自建数据库共享［J］.内蒙古科技与经济，2010（17）：160-161.

［108］王应，吴晓英，黄友均.论中国图书馆的发展历程［J］.科技情报开发与经济，2010，20（03）：37-39.

［109］何丽敏.高校扩招与高校图书馆义献资源建设［J］.现代教育管理，2009（06）：32-34.

［110］张丽媛.高职图书馆资源共建共享体系创建浅谈［J］.资治文摘（管理版），2009（06）：172.

［111］盘美英.面临高校扩招及教学评价形势下的高校图书馆问题与对策［J］.网络财富，2009（12）：154-155.

［112］张维真.我国数字图书馆发展历程及发展策略［J］.科技情

报开发与经济，2008（09）：10-11.

［113］李宏，刘娟，彭新国.加强电子文献资源建设，为高校远程教育服务［J］.黑龙江科技信息，2008（07）：115.

［114］刘秀并.高校扩招后图书馆文献建设的困境及对策［J］.科技情报开发与经济，2006（12）：57-58.

［115］陈碧荣.浅谈新时期高校扩招图书馆采编部门的应对策略［J］.中山大学学报论丛，2004（05）：131-135.

［116］申益春.现代化文明图书馆建设之路探索——南山图书馆建馆五年来发展历程［J］.图书馆论坛，2002（05）：118-121.

［117］臧永清.中国传统文化研究的可喜收获——读《中国藏书楼》［J］.中国图书馆学报，1999（03）：69-70.

［118］张琪.我国图书馆学发展的数据化趋势研究［D］.河北大学，2021.

［119］钟欢.高校图书馆智慧型学科服务平台设计研究［D］.曲阜师范大学，2021.

［120］王家兵.中央苏区思想政治教育载体研究［D］.南京师范大学，2015.

［121］郭素君.高校智慧图书馆信息服务系统设计与实现［D］.河北农业大学，2015.

［122］朱冬梅.中美近代图书馆发展历程比较研究［D］.山东大学，2011.

［123］朱力.中国传统书院"天一阁"建筑群研究［D］.湖北工业

大学，2009.

［124］吴丽芳.图书馆发展历程中的技术创新研究［D］.山西大学，2011.

［125］陈慧香.基于用户画像的图书馆精准服务研究［D］.南京大学，2018.

［126］李莉.国学保存会藏书楼研究［D］.上海师范大学，2019.

［127］卢晓蓉."互联网+"时代高职图书馆转型与创新［C］//.2020年课堂教学教育改革专题研讨会论文集.［出版者不详］，2020：2516-2517.

［128］卢晓蓉.探究信息时代高职图书馆管理模式［C］//.2020年课堂教学教育改革专题研讨会论文集.［出版者不详］，2020：2608-2609.

［129］段艳英.微服务视阈下高职图书馆数字资源共享探讨［C］//.首届国际信息化建设学术研讨会论文集（二）.［出版者不详］，2016：326.

［130］王敏.高职院校图书馆人才资源共享模式设想［C］//.图书馆联盟建设与发展.，2012：363-366.